ホンダオートバイレース史

浅間レースからマン島TTまで

中沖 満

Mitsuru Nakaoki

MIKI PRESS
三樹書房

中沖満さんについて

中沖満（なかおき・みつる）は１９３２（昭和3年）年3月3日、東京都生まれ、旧制九段中学（現千代田区立九段中）に通うも戦時中につき中退。戦後の１９４９年、16歳の時に好きな自動車関連の仕事に就きたく地元、麹町の千代田自動車工業に板金工見習いとして就職。数ヵ月後にはより良い仕事をしたく同じ麹町にあった、みと自動車工業（後にわたびき自動車）に塗装見習いとして移る。

同時に好きな二輪車も少年時代から親しみ、押し掛け式ラビット、ＤＳＫ、ライナーＴＷ、ヤマハのＹＤＳ1、Ｒ1などを乗り継ぐ。浅間以来クラブマンレースを開催しているＭＣＦＡＪ（全日本モーターサイクルクラブ連盟）が１９７０年代初頭、不定期に開催していたツーリングなどの常連で、私もご一緒したことがあったが、マシン性能を常に引き出すことを心情とした無類の飛ばし屋で、幾度となくキップを切られていた。

ヤマハファンを自負していた氏はホンダＣＢ７５０ＦＯＵＲも所有したが、足付き性の悪さから2ヵ月で売却、しかし4サイクル・マルチの魅力には勝てず、体格に合ったホンダＣＢ５００ＦＯＵＲに惚れ込み、外装を「カフェレーサー」フォルムにして、エンジンにもチューンを施す。ホンダのＣＢデザイナー達と交流を持ったのもＣＢ５００ＦＯＵＲがきっかけであった。１９７５年には二輪関係者に声を掛け、日本における二輪ロードレース発祥地に集まろう、という目的のもとに「浅間ミーティング」を開催、クラブ会員組織時に紆余曲折はあったものの、１９８９年に念願の浅間記念館を北軽井沢に建設、歴史的な数々のオートバイが展示され、後にＮＰＯ法人化したことで初代理事に就任している。

35年間にわたり「わたびきの塗装名人」として、広く自動車業界に知られ、その後はガレーヂ伊太利屋の林良至、松田コレクションの松田芳穂、エス・エス・リミテッドの原田信雄といった自動車コレクターなどと交流を持つ事となり、最終的には航空機の機体まで塗装することとなる。

わたびき自動車在籍時の1970年代に「カーグラフィック」誌の二輪に関する〃水曜日クラブ〃という記事に、その名がみられ、1978年から二輪誌で「鉄と心とふれあい」というオーナー達のエッセイを連載、1980年「僕のキラキラ星」など各誌の連載が書籍化されたことなどで文筆業にも力を入れることとなる。

そして1983年（昭和58年）11月にわたびき自動車を退社、文筆業として新スタートを切ったが、そのお祝いにと、出版関係者が集まって「独立」のパーティーを開いたことも、当時としてはめずらしいことであった。

1985年にはグランプリ・イラストレイテッド誌で日本のレース黎明期を、当時の担当者にインタビューして連載、各メーカーの重役やOBと知り合うきっかけとなった。これをさらに詳解したものを浅間の会員が自費で刊行していた「スポークホイール」誌に「松明をかかげて」としてボランティアで連載することとなる。近年では中沖ファンから「松明をかかげて」をまとめて読みたいという要望も高く、ここに刊行されたことは、なんとも喜ばしい限りである。

小関和夫

もくじ

■本書は「スポークホイール」(エヌ・エス出版)に連載された「松明をかかげて」を新たに構成なども大幅に見直し、再編集してまとめたものです。

■本文中のレース結果などについては、著者が他界していることを鑑み、当時の原文のままとしました。

■本文中における英語表記の読み方は、現代に一般的に使用されている表現としました。

■写真の選択、解説文については、すべて編集部で担当し、本書に登場する人物が書かれた著書や、ホンダ、ヤマハ、スズキなどのメーカーから刊行された社史や社報などの公式の文献から該当する箇所を調べ、客観的事実を中心としてまとめました。

序章

ぼくとホンダの出会い

ぼくのオートバイライフはリフターを握って力いっぱいに押して、惰力がついたところでリフターを離してエンジンをかける〝押しかけ式〟のラビットで始まった。

アクセルはツイストグリップではなく、床からはえているペダルだったから、エンジンがかかって飛び乗ってからそのペダルを踏むのにもちょっとしたコツが必要だった。なぜかといえばうっかりいっぺんに踏みこみでもしようものなら、キャブレーションがついていてこずに「クシュン」とストールしてしまうからだ。

そのころのオートバイといえば大型の、重量物運搬用の不格好な自転車に2ストロークエンジンをつけたものが大部分だったから全く魅力がなかった。質の悪い混合燃料でキャブレターのまわりや、その下のほう、果ては車体のうしろのほうまでベタベタにしているオートバイにくらべれば、カバーをされているぶんだけでも148cc2馬力のほうがずっと清潔だったうえに、うまく乗ればこっちのほうがプラグのトラブルがないだけ速かったから、ぼくは長いことスクーターに乗り続けた。

いつの世の中にも新しいものが好きで、人より先にそいつを手に入れないと気がすまない人はいるもので、ぼくの勤め先に納品に来る塗料屋の若旦那はまさに

ラビット　富士産業(現・富士重工業)が製作した4ストローク単気筒、サイドバルブのスクーター。エンジンの始動方式はリフターを使った「押し掛け式」だった。

そのひとりだった。

　はじめのうちは自転車を漕《こ》いでやって来てその次はカッコ悪い自転車バイク、その次には2ストロークのドリームに乗ってやって来た。ボロンボロンとやって来るドリームは世間話に時間を忘れて、あわてて帰ろうとするときまってかかりが悪く、そのたんびに若旦那はワイヤーブラシを工場の隅からみつけて来てはプラグを掃除した。

　ホンダのオヤジさんと河島喜好さんが相談して、「2ストロークは音からして高級感がないから4ストロークにしよう。そのほうが高く売れるから……」と相談しはじめたころ、若旦那はエンジンだけ載せかえたみたいにドリームと格好がよく似たライラックに乗って来て、「どうだ、いいだろう」と自慢したが、ぼくはどうもチャンネルフレームは好きではなかったからほとんど無視した。そうしたら次に乗って来たのはちゃんとしたフレームのライラックで、今度はこっちが「カッコいいなぁ」と言って若旦那も満足そうだった。

　それなのに若旦那はそのあとすぐにまたホンダになった。「ライラックは壊れるとなかなか部品が来ないが今度は大丈夫だ。やっぱり箱根からこっち（東）でつくってるやつじゃなきゃダメだ」と若旦那はわかったようなわからないようなことを言った。「こいつは力があるしよぉ」と胸を張ったが、ぼくはやっぱりカラ

ホンダドリームD型（1950年）　空冷2ストローク単気筒98ccで5000回転時3馬力を発生。それまでエンジンのみを製作していたホンダだったが、初めて自社製フレームを使用したモデル。マシンを囲み「夢のようだ」と皆で感動したままを車名にしたという。

スみたいな黒さだけのドリームは好きになれなかった。

若旦那はすっかりホンダ党になった。３Ｅ型に乗ってやって来たとき、チャンネルフレームの両脇の、それぞれ5本ずつの細いクロームのモールディングが、あの味も素っ気もない車をこんなに変わらせるものになったことにぼくは気づいた。真っ黒なカラスのＥ型が美的センスを身につけはじめたからである。

３Ｅ型はどんどん増えはじめた。素人の目にも増えるのがわかるのだからホンダの専門職が街に出てニンマリとしたのは当然のことだろうが、ぼくはオヤジさんと河島さんが、〝してやったり！〟と笑っていたことだろう、と今はそう思う。

戦後の日本の奇跡といわれるのはソニーとホンダである。この両社が日本の復興のためにどれほど偉大な貢献……外貨の獲得をしたかについては今さら述べる必要もあるまい。

そしてホンダのオヤジさんについてはすでに書きつくされていることではあるが、はじめに少しだけ述べてみたい。まだ一面識もないのにぼくが本田宗一郎氏をオヤジさんと呼ぶのは、ひとりのオートバイ好きとして氏を考えるとき、どうしてもそんな呼びかたがいちばんぴったりくるような気がするから……と、わかっていただきたい。

ホンダドリームE型（1951年）空冷4ストローク単気筒146cc。D型（2ストローク）の排気音が気に入らず、4ストロークOHVにしたモデル。設計者の河島喜好が自ら運転し、箱根の峠越えテストをやり遂げたという。

第1章

ホンダの生い立ち——ドリーム号の誕生——

野口工場でのA型エンジンの機械加工風景（1948年）

本田宗一郎氏、明治39年11月17日、静岡県磐田郡光明村で鍛冶職の本田儀平《ぎへい》氏と、みかさんの長男として生まれた。

大正11年、高等小学校を卒業するとひとりで東京本郷にある自動車修理店アート商会に奉公に出る。生来の機械好きは厳しい従弟奉公の6年間で自動車の構造や修理、運転までを身につけ、昭和3年、22歳で浜松に帰り、〝アート商会・浜松支店〟の看板を出す。自動車修理という仕事はそのころの最先端をゆくもので、〝東京仕込みで腕がいい〟という評判から大繁盛、仕事のかたわら発明した鋳造スポークの特許もとって順風満帆だったが、いくら腕がよくて繁盛しているといっても近在の車を直すだけでは先が見えている、と考えて昭和10年には看板をおろしてしまう。

店を閉めたあとは自動車エンジンの部品の改良や発明、特にピストンリングの自作に熱中する。50人近い職人を使うようになったアート商会・浜松支店の仕事はエンジンの修理や再生・鈑金・塗装にまで及んだが、ピストンリングの磨耗や切損の多いことが探究心をかりたてたからだった。自分で焼きを入れてさまざまな工夫を凝らしても思うような物が出来ず、ピストンリングをつくる会社の設立を考えていた宗一郎氏は、やる以上はピストンリングに精通していなければならない、と自作のピストンリングを持って浜松工専(今の静岡大学工学部)を訪ね、シ

本田宗一郎(1906年生まれ)静岡県浜松市出身。アート商会に勤務し、その後、1946年に本田技術研究所を開設。1948年、本田技研工業株式会社を設立し、取締役社長に就任。幼少の頃より飛行機やオートバイが好きで、その情熱は84歳で没するまで冷めることはなかった。

リコンが不足、と指摘されて基礎学問の不足を知り、聴講生として通学することを決める。

念願のピストンリング製造を行なう東海精機重工業を設立したのは昭和12年、29歳の社長はまだ浜松工専の聴講生だった。

東海精機の株の半分は、すでに大企業だった豊田自動織機が出資して役員には石田退三氏が名を連ねた。

東海精機は軍需工場として業績を伸ばすが、宗一郎氏は敗戦後、トヨタ自動車に東海精機をそっくり譲り渡す。

「戦争中は軍の言うとおりにやっていればいいのだからどうということはなかったが、戦争に負けちゃっちゃあ、そうはいかない。アメリカさんがバックについていて、さぁまたピストンリングをつくりなさい。と言うはずもない。それなら民主主義がどんなものかわかるまで何もしないでご時勢をみようと思った」と語るが、戦後の混乱期にヤミ商売に手を出せば巨万の富を手にするのは容易だったろうに宗一郎氏はそういったことに背を向けて、われ関せず、とばかりに尺八と将棋に熱中する。

それでも食べるものは食べる。極度の食糧難の中で最低限必要な食料を手に入

石田退三(1888年生まれ)
1950年、トヨタ自動車の創始者である豊田喜一郎氏が経営不振の責任を負って社長を辞任した後、同社の代表に就任し、再建に注力した。

れるために男も女も貴重な衣類などを持って農家へ物々交換に走った時代に、本田家もその例外にはなり得なかった。

ペダルを漕いで夫人が買い出しに行く距離はだんだんと遠くなり、疲れて帰ることが多くなった。戦時中に軍が小型発電機用に大量に使った40ccほどの小さな2ストロークエンジンをいじっていた宗一郎氏が、それを夫人の自転車に取りつけて、漕がなくても走れるようにするのは〝朝めし前〟の工作だった。

昭和21年10月に設立した本田技術研究所は、宗一郎氏の頭脳が再び内燃機関にむけて始動しはじめたあらわれだった。高望みせずにはじめた最初の仕事は、夫人の自転車を見た人たちからの「同じようなものをつくって欲しい」という注文に応ずることだった。

浜松に所有していた600坪（約1980㎡）の土地に建てた50坪（165㎡）のバラックの工場には活気がいっぱいだった。工場のまわりにはどこからか集めてきたのだろうか、赤錆びたり、焼け焦げた大小さまざまな工作機械が無造作に並んでいた。これらを再生するのも本田技術研究所の仕事のひとつだった。

昭和22年春、浜松工専機械科を卒業した河島喜好氏はすぐに就職難に直面す

河島喜好（1928年生まれ）1947年に本田技術研究所入社。浜松工業専門学校機械科卒。初期の二輪レース活動においては監督を務める。本田技研工業2代目社長。

る。軍が解散し、人はたくさんいるのに荒廃した日本の社会は、まだそういった人たちを受け入れられる状況にはなかった。せっかくエンジン設計を専攻したというのに学校が河島さんに示した就職先は小学校や中学校の代用教員の資格を活かせ、というものでしかなかった。

旧中島飛行機が、なにやら動くものをつくるらしい、と聞けば出かけて行った。だがそこで見たものは解体された軍用機の材料を使って飯盒《はんごう》や鍋釜をつくる人たちだった。担当者は「いずれミシンをつくる計画はある」と言った。

動くもの、といってもミシンではしょうがない、とあきらめた河島さんの耳に、〝浜松・山下町でなにやらエンジンをいじっている工場がある〟という話が入ってくる。山下町といえば隣の町だ、ともかく行ってみようと河島さんは決めた。

焼跡の、雑草がのび放題の瓦礫の中に立つ工場の中で河島さんは初めて宗一郎氏に出会った。薄暗い裸電球の下でどてらだかなにかをひっかけた主《あるじ》はエンジンをいじる手も休めずに言った。

「こんなところでもいいなら、明日から来ていいぞ」

本田技術研究所の補助エンジンは飛ぶように売れた。ほかにも同じようなことをする工場もあったが、オヤジさんのつくるものは使い途《みち》を考えた工夫がしてあったから使いやすく、自転車を持って行けば、その自転車に合うように装着してくれるから門前市をなす盛況だった。だがその盛況の中でオヤジさんは軍用の小型エンジンがやがて品切れになるのを見とおして、それにかわるエンジンを自分のところでつくることを考え、そして熱中していた。

このエンジンが完成するとオヤジさんは特許をとった。シリンダーヘッドが異様に飛び出しているところから〝エントツ型〟と自ら名付けたエンジンは、さらに改良が加えられて昭和21年の暮れごろから生産に入った。2ストロークの0・5馬力がそれであった。

当時、貴重な材料からいかに効率よくものをつくり出すかについてオヤジさんは〝原材料からすぐに製品を〟を持論とした。したがってA型と呼ばれるこのエンジンは材料も少なくてすみ、工程も少なくてすむダイキャスト鋳造方法を採用していた。

この〝エントツ型〟もよく売れ、改良に改良が加えられて人気もよく、浜松・沼津間の遠乗り試乗会でも抜群の信頼性を発揮した。

昭和23年1月、オヤジさんを中心として本田技術研究所を法人化する発起人会が開かれ、2月には浜松市野口町の約40坪（132㎡）の土地を購入して野口工場

ホンダA型（1947年） 空冷2ストローク単気筒50cc、0・5馬力。ミッションは前進可変1段。ホンダ初の自社設計エンジンは、戦後日本の復興を支えた。そのユニークな形から「エントツエンジン」と呼ばれた。

を建設、ここはエンジンの組立てを専門に行なうことにする。

この年の10月、資本金100万円をもって本田技術研究所は本田技研工業株式会社となる。これが現在のホンダの始まりである。

エントツ型と呼ばれるA型エンジンは1馬力を発生するまでになるが、オヤジさんはこのエンジンをつけた三輪自転車を試作する。目的は少しでも多くの荷物を積むことにあったが、パワー不足もあって断念、B型と呼ばれるこの車は生産には入らなかった。ただし89ccにアップされたエンジンはそのままC型と呼ばれるオートバイに使われることになる。

C型は依然として強化型自転車に積まれた。50ccから89ccへのアップで出力は3馬力に達し、相変わらずタフで、しかも最高50km/hのスピードが売りもので昭和24年1月から発売された。

このC型のデモンストレーションはこの年の11月6日、AMJC(アメリカン・オールジャパン・モーターサイクル・クラブ)が開催した戦後初のオートバイレースである日米親善・全日本モーターサイクル選手権大会という絶好の場で行なわれた。場所は東京多摩川の丸子橋やや上流の川崎市側の河川敷にある多摩川スピード・ウェイだった。

このスピード・ウェイは昭和10年に開設されたもので、河川敷であるために本

エントツ式エンジンは、当時の2ストロークエンジンとしては立派な水準であったと思われる。非常に調子が良く、これを搭載したバイクは、競輪選手との対抗レースで、同タイムで引き分けたというエピソードもある。写真は、設計を担当した河島喜好氏の記憶を元に再現したレプリカ。(『Dream2 創造・先進へのたゆまぬ挑戦』本田技術研究所発行より)

多摩川スピード・ウェイは、わが国初の自動車専用サーキットとして、昭和11年(1936年)に完成。同年6月には第1回全日本自動車競走会が開催され、国産小型部門でオオタ号が優勝。同年10月の第2回では、ダットサンが最新のスーパーチャージャーエンジン搭載のレーサーで雪辱するなど盛り上がりをみせた。昭和13年には第4回まで開催されたが、その後、日中戦争やガソリン統制などにより中止に追い込まれた。(写真提供:日産自動車)

格的な舗装は許されなかったものの、幅20m、1周1100m、オートバイと車専用の当時としては第一級のコースだった。

当時のレースはAMJC参加の日米親善レースとオートバイの輸出振興のPRと展示、液体代用燃料の普及キャンペーンが行なわれた。

つけ加えるならば、当時まだガソリンや軽油は国家によって統制され、使い途《みち》によって割り当てられ配給されるものだったから、不要不急とみられるむきにはその割り当ては行なわれず、全国で1万9000台といわれた二輪車オーナーの大部分は燃料の入手に四苦八苦していた。四輪車ならば木炭などを焚いてガスを発生させる代用燃料装置をボディのうしろにつければいいが、二輪車ではそうもいかなかった。そのためにガソリンにアルコールや松根油を混ぜて使う液体代用燃料の使用が推奨されていた。

走っているオートバイを止めて警察官がガソリンの匂いを嗅ぎ、アルコールか松根油の匂いがしない場合はルートにないガソリンを買った、として統制令違反で捕まることさえあった時代なのだ。

レースは100cc未満から650cc以上までを6クラスにわけて行なわれ、ホンダC型は100cc未満に出場し、優勝を飾ったのだ。

スピードへの欲求がある程度満たされるようになると今度はもっとパワーが欲しくなる。

こういった要求に応えるにはC型にも限界があった。それは車体の強度の問題だった。いくら強化型自転車をさらに補強したといっても所詮《しょせん》は自転車であって、3馬力のエンジンはフレームの強度を上まわり、さらにプーリーによる伝達はパワーロスが多く、本田技研はスピードが出ると同時に、もっと効率がよく、しかも安全なバイクを考えはじめる。

C型はもともと野口工場でエンジンだけをつくり、強化型自転車は外部で生産、そのそれぞれを販売店に出荷し、販売店が組立てて売る、という方法で売られていた。だから、〝半完成車〟ではなく、自社で〝完成車〟にして出荷することが出来れば利潤も増え、同時に組立て中のミスによって生ずるクレームにも明確な責任がとれる。ということで昭和23年の暮れから設計に入った新型は、昭和24年8月にその試作を完了する。

昭和22年、河島さんが入社して12名だった本田技術研究所は30名の社員による本田技研工業になっていて、全員の不眠不休の突貫作業が短期間のうちに、BMWをはじめとする戦前のドイツ車が採用していたチャンネルフレームにテレスコピックフロントフォークという車体に、C型エンジンの発達型98ccエンジン

チャンネルフレームとは鉄板のL型材を使用したもの。板1枚だと弱いが、L型やコの字にすると強度が生まれ、そして何より量産向きであった。（写真はホンダの試作車両と思われる）

を積む本格的な小型オートバイを完成させたのだった。

　オヤジさんは、「3日続けて徹夜の仕事というのに、みんながよく付き合ってくれた」と言ったが、実はそのオヤジさんはトイレで居眠りをし、河島さんたちも交代で脱け出しては寸時の仮眠をとった。「オヤジは飲まず食わずで夢中でやったでしょうが、私たちは隠れて食べていましたよ、そうでもなければ体が保ちませんですよ」ということだから、知らぬが仏はオヤジさんだけだったのかも知れないし、または見て見ぬふりのオヤジさんだったのかも知れない。

　それはそれとして完成した新型は堂々たるものだった。それまでの苦労を思って誰かが「夢のようだなぁ」と言った。それを聞いたオヤジさんは「おお、それだ。どうだ、この車にみんなの夢を賭けようじゃないか。その意味でこの車にドリーム号の名を付けよう」と言った。これが文の冒頭で述べたボロボロボロンの2ストロークのホンダ・ドリーム号の誕生、昭和24年8月のことだった。

　〝原材料をすぐに製品へ〟というオヤジさんの持論はドリーム号にも充分に具体化されてあらわれていた。ぼくがいくら嫌いだ、と言っても鋼鈑をプレスしてつくるチャンネルフレームは鉄からパイプ、そして曲げて溶接、といったパイプフレームよりはるかに〝原材料をすぐに製品へ〟という考えどおりだった。そしてそれは曲げたり溶接したりといった熟練を必要とする工程を、大幅に省略しながらも均一した出来上がりを可能とするものであることは、誰の目にも明らかだった。

しかも〝ムダを出すな〟の号令が加わって、エンジンの各部には徹底した圧入ダイキャストの手法が採り入れられて、原材料のムダを省くと同時にここでも工程の簡略化が図られていた。

コマをふたつ組み合わせたようなシンプルなクラッチは、シフトペダルを前に踏めばロー、後ろに踏みこめばトップ、という2速ミッションの操作を簡単にして、ベルト駆動にはない確実な走りの楽しさをドリームに乗る人たちに教えて、昭和25年から量産に入ったドリーム号は大好評で迎えられた。

昭和25年3月、オヤジさんは東京の京橋槇町に東京営業所を開設する。前の年の8月にオヤジさんは人の紹介で藤沢武夫氏に会う。「あっけないくらい簡単な出会いだったな。戦争中はバイト（金属を切るための刃）をつくっていたと言っていたが、機械については全くのシロウトだった。だが物を売るということについては素晴らしい考えを持っていた。私が持っていないものを持っている男、だから会っただけで私は提携を固く約束した。以来藤沢は私の分身であり、私の分身は

藤沢武夫（1910年生まれ）1949年に本田技研常務取締役として入社。以後、黎明期のホンダにおいて社長である本田宗一郎を支えた。1973年に本田宗一郎とともに第一線を退き、最高顧問に就任した。

藤沢だった。
私と藤沢が全く違うパーソナリティを持ちながら長く続いて来られたのは目的が同じだったから……物の見かたや考えかたが、その手法では違っていても、発想の時点、到達する地点はひとつになるからだった」

東京営業所はいうまでもなく、東京を中心として関東・甲信越、そして東北方面にもドリーム号の販路を拡げるのが目的だった。そして「あなたはつくるほうに専念しなさい。資金は私が専念するから」と言う藤沢武夫氏を専務に迎えたオヤジさんは安心して東京都北区十条にあったミシン工場を買収、ここが昭和26年3月には東京工場として稼動を開始した。

ミシン工場を改装したこの工場には浜松でつくられたエンジンが続々と運びこまれた。そして十条工場とも呼ばれたこの工場では月産300台の組立てが目標だった。

この数字は当時としては全くの常識はずれの台数だった。建て坪230坪（760㎡）の工場の大きさからいっても月産300台は上限の数字だった。これを達成するために十条工場は西田通弘氏（のちの専務取締役）を中心とする20歳代の青年社員に委《まか》せられた。

西田氏たちはこの工場にコンベアラインを敷くことを考え、実行した。足の踏

西田通弘（1923年生まれ）1950年に本田技研工業入社。1976年副社長に就任。安全運転の大切さを訴え、ホンダ安全運転普及本部をたちあげるなど数多くのプロジェクトを推進。

み場もないほどの工場の中に据《す》えられたラインは手動送りだが、殺到するオーダーを捌《さば》くための努力と知恵は昭和26年になると、誰にも想像出来なかった月産800台のラインに到達した。

ラインを離れたドリーム号はオヤジさんの発明したシャシーダイナモテスターで1台ずつベンチテストを済ませてから出荷された。

初期のドリーム号も例の燃料（ガソリン）には10%のアルコール、または松根油を混入しなければならない、というお達しによる不具合から免れることは出来なかった。読んで字のごとく、松の根っこを掘り出して、その油分を抽出してつくる松根油は残溜性のあるものだった。加えて混合用のオイルの品質も粗悪だったことがすべての2ストローク車を悩ませた。

プラグのブリッジ現象、マフラーのつまり、多量の白煙、飛び散る油による汚れなどがユーザーを困らせ、燃料の不完全さや、吹き抜け、燃やしてしまうオイルを含めて燃費の悪さなど、解決すべき問題が山積した。にもかかわらず、2ストロークエンジンが主流を占めたのは、4ストロークエンジンに比べると構造が簡単、つまり手軽につくることが出来る、という理由からだった。

まだ2ストロークには改善すべき問題が多すぎた。それも外国の文献や資料が

2サイクル	4サイクル
① 構造簡単	① 排気音がソフト
② 小型・軽量	② 排気煙がでない
③ 部品点数少ない	③ 燃料効率がよい
④ 加工技術・生産設備が多岐にわたらない	④ オイル消費少ない
	⑤ 始動性良い

2ストロークと4ストロークの違い。（『ホンダの歩み』本田技研工業株式会社発行より）

全くといっていいほど手に入らない時代に、手探りでそれは行なわなければならなかった。

高級感を出すと同時に、高く売れる、というのはオヤジさんと河島さんの高度なジョークであった。ふたりは2ストロークの改善に多くの時間を費やすよりも、吸入・圧縮・爆発・排気と、はっきりした行程をくりかえす4ストロークエンジンに時間を使うほうを選んだのである。

「あのころ2ストロークは低速がまるでダメ。吹け上がれば素晴らしいのですがその間の差が大きすぎました。ということは運転に気を遣う、気を遣うということはある意味では不安定な気持ちからくる危険に及ぶのではないか……と思ったわけです。物のない時代ですから4ストロークを開発するのにはいろいろな困難があるだろう。だけれどもユーザーや社会に迷惑をかけない小型で高性能のエンジンをつくろう。そしてそれが未来にわたって世界に通用するエンジンになるはずだから、と決定したのです」

研究の陣頭に立って指揮をとったのはもちろんオヤジさんだった。そして技術の核心に迫るとオヤジさんの長年の経験が河島さんの学問に加えられ、昭和26年5月10日にエンジンの設計が完了し、すぐに生産体制の準備に入った。ボア・ストローク53×53(ミリ)排気量146cc、サイドバルブがほとんどを占める中で河島喜好設計のエンジンはＯＨＶ、そして毎分５４００回転で５・５馬力を発生した。

新しいE型エンジンの誕生だった。このエンジンは当時の車両法による原動機付自転車の第2種に合致していた。

2ストロークエンジンは毎回爆発、4ストロークは2回に1回の爆発であるから同じ排気量の場合、2ストロークのほうが分《ぶ》が良い、という屁《へ》のような理屈から、2ストロークは60cc、4ストロークは90ccまでが第1種、2ストロークの１００cc、4ストロークの１５０ccまでは第2種と定められていた。つまりドリームE型は原付第2種の上限を狙ったのだ。

設計完了から二ヵ月と少したった7月15日、設計者である河島喜好氏が自ら運転するドリームE型は、おりからの台風接近で大荒れの浜松を箱根芦ノ湖への試運転に出発する。

沼津までの平坦路はともかく、東からでも西からでも途中1回も休まずに、一気に芦ノ湖脇の箱根神社に到達することが出来れば、それが一級品といわれた時代だった。

うしろからついて来るオヤジさんのビュイックの前を、河島さんのドリームE型は激しい雨の中をどんどん先行し、先も見えない雨とガスの箱根の登りにかか

ホンダドリームE型　エンジンは、ホンダ初の4ストロークＯＨＶで、排気量は１４６cc。エンジンとミッションが一体となり、コンパクトになった。当時としては斬新なエンジンであった。

るころには完全にオヤジさんの視界から遠ざかった。

〝谷にでも落ちたんではないか〟という不安と心配で箱根神社に近づいたオヤジさんは、鳥居の下で手を振っている河島さんを見るとビュイックをとめて駆け寄り、固く手を握り、そして抱き合って喜んだ。

「バカヤロー、雨の中をあんなに飛ばしやがって、というのが第一声でしたでしょうか」と河島さんはそのときのことを思い出す。

「別に飛ばしたわけでもないのです。ごく普通に、こいつはこのくらいなら大丈夫、という自信がありましたから。なにしろ自分が設計したエンジンでございますし、フレームはD型でなんら問題が出なかったのでそのまま使っておりましたから心配などは全くありませんでした。

それは浜松工専でエンジンの設計を理論からやりまして本田技術研究所にはいったわけですが、私をいれても12人でございましょ？　私はエンジン設計だけでございます。なんて澄ましていられるものではありません。設計図を書いて木型をつくる、木型が出来ればそれをかかえて鋳物屋さんに走って行く、鋳物が出来れば取りに行ってみんなで仕上げてゆく。〝オイ、そっち持て〟とか、〝押さえろ〟とか、自分でも組みましたし、何から何までやっておりましたから、不安などあるわけがなかったのです。

D型もE型も、写真のように同じくチャンネルフレームだった。写真は二人乗りが出来るように、リアのステップや荷台が大きくなった後期モデル。

ゼロ戦を設計した堀越さんですか、ご自分ではゼロ戦を操縦出来ないからと、試験飛行のときは操縦席のうしろの、すごく狭い空間にダルマのようになって乗った。と本人からお聞きして、さぞ大変だったろう、と同情申しあげたり、ご苦労に感動しましたが私の場合は自分でつくって、それに自分が乗ったと、まぁごく当たり前というか、恵まれたと言いましょうか……それでも2ヵ月でございましょう？ オヤジはアイデアで時間を稼げ、と言うし、能力とは時間を酷使することだ、とハッパをかける、いやァ、大変でしたねぇ」

ドリームE型は十条工場の準備が整うと直ちに量産に入った。排気音が静かで煙も出ず、燃焼効率がよく、オイルは潤滑だけだから消費量がほとんど無く、始動性もよく、低速トルクも充分で高性能ということで発売前から圧倒的な人気を呼び起こしていた。それから十条工場の車体製造部門が手狭なために月産900台が限界であると分かると、昭和27年3月埼玉県北足立郡大和町白子にある戦時中の機械工場を1000㎡の敷地ごと買収する。荒れ果てていた古工場に大工が入り、建物を直しているうちに続々と工作機械が運びこまれ、買収後わずか2ヵ月あとの5月には大工職が仕事をしているそばで大型工作機械が唸《うな》りをあげはじめ、ドリームE型のエンジンも車体も、すべてがこの白子工場で集中生産され

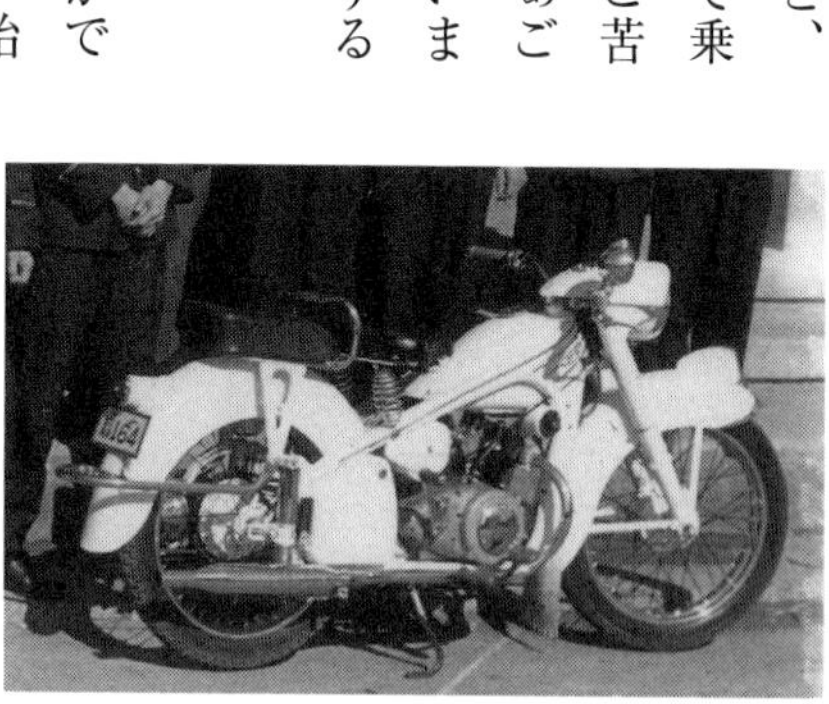

ドリームE型は浜松で警察用の車両としても使用された。写真は浜松警察署の前にて。（自動車史料保存委員会提供）

ることになる。

昭和27年、つまり1952年型のドリームE型はリアにプランジャー式のサスペンションがついて乗心地は著しく向上、さらにエアクリーナーが追加されてキャブレターのトラブルを防ぐと同時に、吸気音の低減による静粛性も著しく向上した。転倒のときのレバーの切損と手の負傷を防ぐためにグリップエンドを支点とするレバーはD型からそのまま継承された。そしてドリームE型の実力を試す日がやって来た。

それは昭和28年（1953年）3月21日に開催された〝全日本選抜優良軽オートバイ旅行賞大パレード〟に参加することだった。

まことに奇妙な長ったらしい名前のこの大パレードは、名古屋市の呼続《よびつぎ》大橋をスタートして岐阜・三重の2県をまわり、再び愛知県に入り、中村公園に至る145・5マイルを走破するものだった。その目的とすることは、そのころ進出の目覚ましい外国製オートバイに対して、著しく性能と耐久性で劣る国産オートバイの、その中でもいちばん需要の多い150ccのいわゆる軽オートバイの耐久テストだった。それははっきり言えば〝壊れる部分を徹底的に洗い出す〟ことで改善と進歩を図ろうとするものだった。

全コースの公道はそのほとんどが未舗装、しかも前夜の雨で最悪のコンディシ

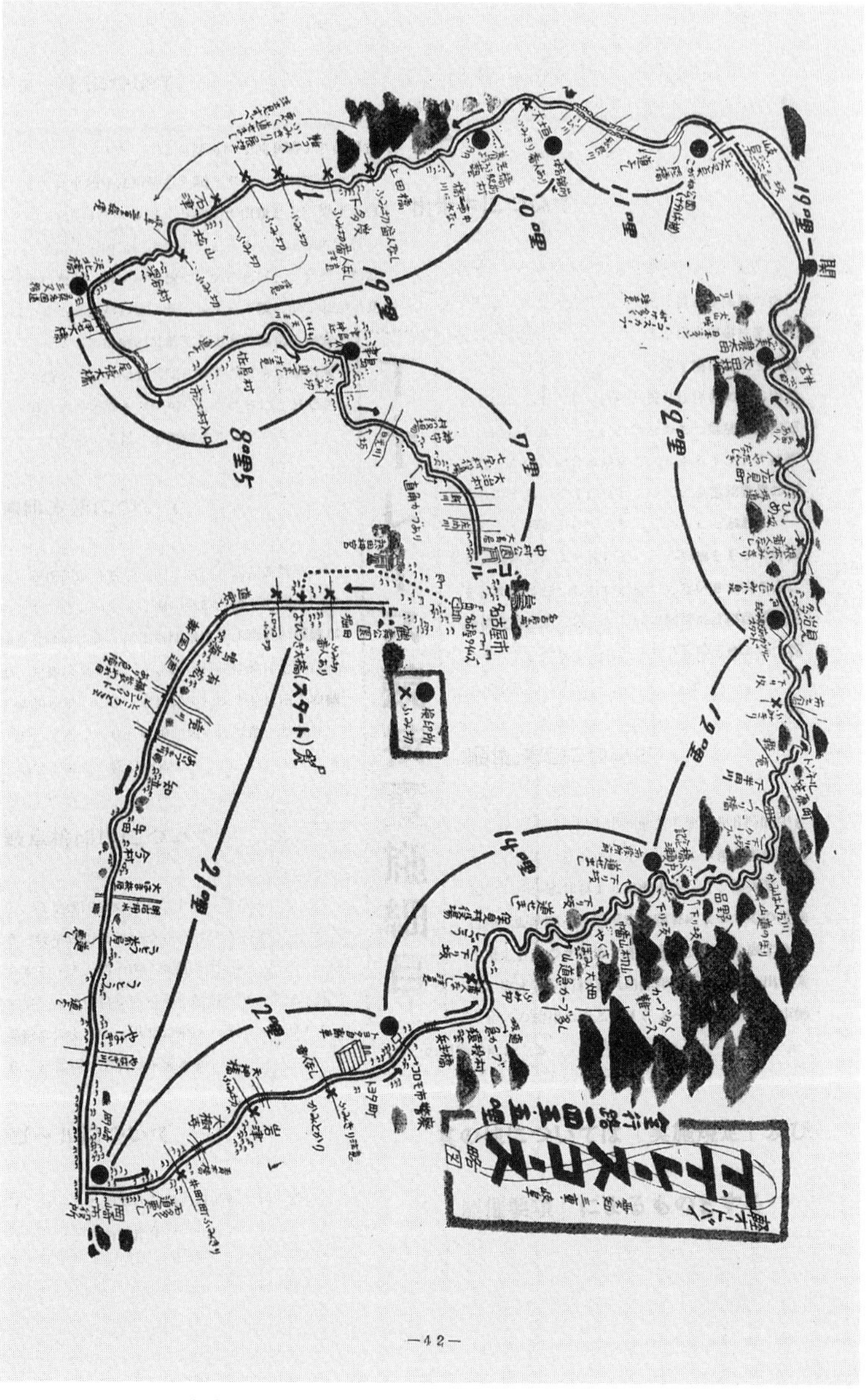

名古屋TTレースコース図『第1回TOURIST TROPHY RACE』名古屋タイムズ社発行より）

ヨンだった。参加資格はメーカー単位で1チーム3台が定められたごくわずかの改造……フェンダーやチェーンケースを短くする程度……のもとで走るもので、主催者の名古屋タイムズ社と中部日本小型自動車競走会では、この催しを英国のマン島TTレースを手本としたが、公道を使用するため〝名古屋TTレース〟の名前は許されずに前述のような長い奇妙な名称になったのである。

参加メーカー19社、出場台数57台のうち42台が完走したこの大パレードは出場した選手にとって、まぎれもないレースだった。それは一着の昌和号の金子延幸選手の4時間17分35秒の記録が証明している。またこのレースでホンダは3台とも完走して、チーム賞を獲得してドリームE型の耐久性の高さをアピールすることに成功した。酷悪非道の全コースの中で、フレームに損傷をきたしたもの7台、バルブのトラブル3台、クランクのトラブル1台、フロントフォークの折損5台、プッシュロッドのトラブル1台、コネクティングロッド折損2台、ミッションの焼き付き1台、タンク破損3台……といった故障内容からも当時の水準を推《お》しはかることが出来るだろう。

第1回全日本選抜優良軽オートバイツーリストトロフイレース 受賞者

◉ チーム賞

第1位	ホンダドリーム号チーム	鈴木義一選手	中村武雄選手	徳永康夫選手
第2位	スミタ号チーム	石塚喜市選手	引間昇選手	小島昇三選手
第3位	ボニーモナーク号チーム	長正男選手	田中公誠選手	村田不二夫選手
第4位	ライラック号チーム	山本宏選手	後藤一男選手	山田祥爾選手
第5位	エーブスター号チーム	青山辰夫選手	山本惣一郎選手	鷲見敬一選手
第6位	ライフ号チーム	野末一郎選手	藤城宇市選手	長本庄包選手
第7位	IMC号チーム	田中里一選手	古橋伸博選手	若尾銀平選手
第8位	オートビット号チーム	伊藤正男選手	高坂貫一選手	広瀬栄一選手

◉ 個人優秀賞

第1位	昌和号	金子延幸選手	タイム	4時間17分35秒
第2位	ホンダドリーム号	徳永康夫選手	〃	4・17・53
第3位	ボートリーライナー号	村井光男選手	〃	4・18・45
第4位	ホンダドリーム号	鈴木義一選手	〃	4・19・11
第5位	ボニーモナーク号	田中公誠選手	〃	4・20・48
第6位	スミタ号	石塚喜市選手	〃	4・22・50
第7位	クインロケット号	浅井正男選手	〃	4・24・30
第8位	エーブスター号	山本惣一郎選手	〃	4・26・06
第9位	ゼット号	谷伊之助選手	〃	4・29・52
第1 0位	スミタ号	小島昇三選手	〃	4・32・31
第11位	エーブスター号	青山辰夫選手	〃	4・35・25
第12位	クイレロケット号	鈴木甲子夫選手	〃	4・37 37
第13位	ゼット号	木原章雄選手	〃	4・41・12
第14位	ポインターコメット号	久米嘉幸選手	〃	4・41・18
第15位	テンリユーホープスター号	関道二選手	〃	4・46・18

◉ 完走賞 (順位による)

ボニーモナーク号	長正男選手	タイム	4時間48分00秒
スミタ号	引間昇選手	〃	4・49・32
ホンダドリーム号	中村武雄選手	〃	4・53・58
ライラック号	山田祥爾選手	〃	5・03・34
ライフ号	長本庄包選手	〃	5・04・36
昌和号	松口敏美選手	〃	5 08・12
ライラック号	後藤一男選手	〃	5・10・12
IMC号	若尾銀平選手	〃	5・10・33
ライフ号	野末一郎選手	〃	5・16・25
ライラック号	山本宏選手	〃	5・16・34
フアルコン号	井沢万三選手	〃	5・17・53
ボニーモナーク号	村田不二夫選手	〃	5・18・55
BFビクター号	石井良司選手	〃	5・31・48
パール号	山下護祐選手	〃	5・34・55
オートビット号	高坂貫一選手	〃	5・37,19
ホダカ号	伊藤鉄吉選手	〃	5・48・34
フライバード号	水谷文雄選手	〃	5・56・42
ライフ号	藤城宇市選手	〃	6・08・41
I.M.C号	古橋伸博選手	〃	6・21・56
オートビット号	伊藤正男選手	〃	6・39・23
フアルコン号	袴田一男選手	〃	6・56・21
ホダカ号	竹之内県市選手	〃	6; 57・18
I.M.C号	田中里一選手	〃	7・01・31
テンリユーホープスター号	金田銀治選手	〃	7・08・03
エーブスター号	鷲見敬一選手	〃	7・10・50
オートビット号	広瀬栄一選手	〃	7・56・20
フライバード号	笹之内菊次郎選手	〃	8、26・00

以上 27名

名古屋TTのレース結果。チーム賞の1位は「ホンダドリーム号チーム」。後にマン島に渡る鈴木義一選手の名が入っている（個人優秀賞4位も獲得）。（『第1回TOURIST TROPHY RACE』名古屋タイムズ社発行より）

第2章

良品に国境なし——赤カブの大ヒット——

ホンダはこのレースのあとで、「なけなしの材料をつかって、売れればいい、といった安易なつくりかた」をする一部のメーカーに痛烈な批判を与え、「これからは良品をつくり、逆に外国に輸出して国家の再建に寄与すべきだ」という所感を発表した。

昭和28年10月、ドリームE型はエンジン性能をフルに引き出すための3速ミッションを与えられてドリーム3Eになる。

これによって2速の不便さはすべて解消されてバランスは格段に向上した。フィニッシュ（仕上げ）も良くなり、後期モデルにはスピードメーターが常装備された。3E型にはチャンネルフレームの両側に走る、スピードを象徴する意味のメッキのモールが加えられた。先に述べたように、たった5本ずつのモールが3E型を全く別のドリームに見せたのは新鮮な驚きだった。

本田技研はドリームE型の大ヒットによっても、オートバイ市場がまだまだ限られた狭いものであることを充分認識していた。それはオートバイに乗りたくても乗れない人たちに簡単に乗れるオートバイを提供することで無限に近くひろげることが出来る、とも考えていた。

昭和27年8月、原付は2ストローク60cc以下、4ストロークは90cc以下に改め

4型（4E）となったドリームE型はミッションが3速となり、加速性能と最高速度が向上した。フレームには5本のクロームメッキのモールディングがあしらわれ、人気の高いモデルになった。

られ、14歳以上は申請さえすれば誰でも乗れることが決められた。

これに先立ってこの年の3月にホンダは自転車に簡単に取りつけられる補助エンジン〝カブF〟を発表する。2ストローク49cc、1馬力のこのエンジンこそ〝乗りたくても乗れない人たち〟にバイクの楽しさを知らせるための、そして多くの14歳以上の、女性を含めたオートバイ予備軍を惹《ひ》きつけるための戦略車……切り札だった。

ホンダはこのカブFの大量生産を狙った。無免許許可制が実施されれば需要は厖大《ぼうだい》な数にのぼることが予想された。問題はその需要をどうしたら他社に先がけて獲得するかであった。

藤沢武夫氏は全国に無数に散在して、地元のお客と固く結びついている5万5000軒の自転車店に注目した。一軒一軒の店は小さくてもその店の主人が自分の店の利益を上げるためにカブFを売ってくれるのならば、それだけで巨大な販売網が出来上がる、とする藤沢氏のアイデアは、エンジンなど扱ったことがない自転車店に販売を任せて大丈夫だろうか、という不安を一部に持たせながらGO！の決定が下された。ホンダの考えかたとカブFの紹介する文書が全国5万5000軒の自転車店にもれなく送られた。

カブF型（1952年）空冷2ストローク水平単気筒、49・9cc。自転車販売店に直販という手法で、販売台数を伸ばした。当時の価格は2万6千円（50ccモデル）

「あなたがたのご先祖様たちは日露戦争のあと、チェーンを直したり、パンクの修理をしたりすることなど思いもつかないときに、勇気を持って自転車を外国から輸入し、それを売る決心をしました。それが今日、あなたがたの商売になっていることに深い敬意を表します。

ところで戦後、時代は変わって来ています。お客はエンジンをつけた自転車を求めはじめました。そしてホンダはいま、そのエンジンをつくりました。もし興味があるのでしたらご返事をいただきたいと思います」

反響は大きかった。京橋槇町の間口2間半奥行き6間の、うなぎの寝床のように細長い東京営業所に3万通の返事が舞いこんだ。それに対して再度ホンダはカブFの取り付け説明書と注文書を送った。自転車店の主人はそれを読んで注文書に数量を記入し、代金を振り込めばよい、そうすれば数日中に段ボール箱に入れられた〝カブF〟が自転車店に届いた。

水平シリンダー、水平クランクケース、ダウンドラフトキャブレターと、すべてが横長につくられたエンジンのクラッチとスプロケットのアルミダイキャストのカバーは、透明度の高い綺麗な赤が塗られ、スプロケットと同寸の丸いガソリンタンクは純白に塗られていた。初めてエンジンに接する老齢の店主であって

カブF型の「湯たんぽ」と呼ばれたガソリンタンクはユニークな形状。白いタンクに赤いエンジンは、当時の若者にも好評だったという。

も、分かりやすい説明書どおりに後車軸にエンジンを取りつけ、すべてを終わらせるのには10分もあれば充分だった。

一見しただけでは頼りないボア・ストローク（㎜）40×39の1馬力エンジンはよく走った。

鮮やかな赤いエンジンから〝赤カブ〟のニックネームを奉られたカブFは、自転車しか乗ったことのない人たちに〝漕《こ》がなくても走る楽しさ〟を体験させながら6月に3000台を売り、許可制が実施されたあと11月までの販売台数は2万5000台に達した。

カブFは自転車店への直販、しかも前金という思い切った方法をとったにもかかわらず、よく売れることから1万5000軒の自転車店がカブFを扱ってくれることになって、ホンダはドリームE型とは別のカブの販売網を確保することに成功すると同時に〝前金払い〟のおかげで、増産に対応する以上の大きな資金力を身につけることにも成功した。

先手必勝がホンダに加わった。〝良い品をつくる〟こと、そしてその良い品だけが世界中に受け入れられると確信するホンダは、良い品を大量につくることを考えはじめた。それには熟練工の勘やゲージに頼ることはいかにも非能率的に思

カブF型は、オイル等により衣類を汚さないように、エンジンを車体の後ろに装着しているのが特徴。この小さなエンジンが人々に〝漕がなくても走る楽しさ〟を教えた。

われた。良い品物……精度の高い部品の積み重ねで実現するそれをつくるには優れた加工精度を持つ、最新式工作機械の導入が急務と考えたホンダは、昭和27年10月に世界の先進国からそれらの工作機械を輸入することを決定した。

アメリカ、ドイツ、イギリス、そしてスイスから輸入される工作機械の総額は、資本金600万円のホンダにとって約80倍にあたる4億5000万円の巨額にのぼった。

この巨額の投入を決定したホンダは、翌月に増資して1500万円の資本金になったが、それでも資本金の30倍の投資といった決断に対しては、多くの人に「本田宗一郎は頭がおかしくなったのではないか」と言わせたほどだった。

「企業をその時点だけのソロバンで判断するのであれば、この決定は無謀だと判断されても当然だった。しかし3年先、5年先、10年先を考えた場合にはどうしてもやらなければならないことだった。もし、仮にこれが原因でホンダが倒産して私達が責任をとって去ったとしても、従業員とその設備は日本のために生き続けるのだからと覚悟を決めていた」と藤沢氏は語った。

「良品に国境は無し、という言葉がある。どんなに関税という障壁を高くしても良い品物はどんどん日本に入ってくるのだ。だからそれを防ぐのに国家の政策で援護してもらいながら輸入制限に頼るということは長く続くものではない。

本当の輸入防止、そして輸出促進であるならば、そういったことに頼らずこっちの技術を上げればいい。つまり、むこうの品物よりもこっちの品物のほうを良くするということだ。

そうすれば自然にむこうの品物が入ってくるのが止まって、こっちから出て行くようになる。こういう考え方こそ根本的な解決で、これをやらない限り、国の政策に頼って障壁をつくってもらったところで、なんの役にも立たない。

だから俺は俺でやるんだ、という考え方。そうなると今の設備ではいかん。どんなにいいアイデアを出してみたところで設備が物をいう。だからどうしても設備を更新しなければならない。世界的なレベルの設備にしない限り、輸出の防止は出来ない。そうかといって機械を輸入しても代金が払えなくてホンダはつぶれるかも知れない。だけれども入れずにいればやがて輸入品に押されてつぶれるということも現実だ。

つぶれるかも知れんけれども、それがフルに稼働してくれて、もっと大きくなる可能性があるのなら、選ぶ道はひとつしか無い。だから、かまわん。機械を入れることだ、と決めた。

会社の資本金が600万円のときに、4億以上の機械を輸入したのだから支払いには困っただろう。藤沢専務もずいぶんと骨を折ったようだ。私のほうは技術

「(中略)あれだけの技術者でありながら、本田は、自分から設備、機械がなければできないといってねだったことがないんです。与えられた条件の中で可能性を見つけだそうとして、けっして弱音を吐かない。だから、私がかねを出して入れたものは、価値なく無駄なものとすることは、けっしてなかったんです。本田へのこの信頼なかったら、たとえ経理的には余裕があっても、この大冒険へ踏み切れなかったでしょうね。」(『松明は自分の手で』藤沢武夫著より)

屋で金は扱っていないから、そっちのほうの本当の苦労はしていないけれども、専務のほうは頭を抱えこむほど大変だったということは私も身にしみて感じている。

　こういうことは二度とやってはならないことだ。やってはならないことではあるけれども、それをやらずにつぶれる、というのはなおいけない。

　あのとき私が論理的に踏み切らなかったら今日の本田技研はないわけで、あれは私の一生を通じての大英断だった」とオヤジさんは述懐する。

　翌月に1500万円に増資した本田技研は息つくひまもなく、昭和28年1月に白子のすぐそばの新倉（現在の埼玉県和光市）に土地10万㎡を買い求めて大和工場の建設に着手、5月には一期工事、7月には工事が完成するという猛烈なスピードだった。大和工場の完成でドリームE型の集中生産は白子から大和に移された。

　同じ年の12月には浜松市葵町に6万6000㎡を購入、ここにも5ヵ月で工場を新設して、山下工場の業務をこちらに移した。

　いずれも一貫生産の工場を、2年間のうちに3カ所も建てたという例をみない大事業だった。

　資本金は昭和28年に6000万円に増資されたが、その2年間の投資総額は工場用地の買収、工場の建設、さらに国産の新鋭工作機械の購入も含めて15億円に

1954年2月、浜松市葵町に新設された山下工場での新入社員歓迎会の様子。白子工場、大和工場と、この頃のホンダはわずか2年間で一貫生産工場を連続して3ヵ所も建設した。

達した。実に資本金の25倍という思い切った設備投資が行なわれたのだった。

昭和27年の春から新型スクーターの設計が始まった。ドリームE型のエンジンの高性能を確認したオヤジさんは、このエンジンを使ってスクーターに進出することを考えたのだ。

昭和25年にラビットは２８２３台を生産してトップ、シルバーピジョンが１４０１台で2位、とスクーターが上位を独占。それは昭和26年にも変わらなかった。

変わったのはラビットが７８３２台、シルバーピジョンが５２６１台と飛躍的に生産台数をあげたことと、前年5位、５３１台にとどまったホンダが生産設備の充実にしたがって２２７２台と負けず劣らずの増産率をみせて3位に浮上してきたことだった。

このように重《ちょう》用されてきたスクーターたちはラビットもシルバーピジョンも、エンジンは旧い設計のサイドバルブエンジンを使っていたから、ドリームE型のＯＨＶ、１４６cc、５・５馬力を使えば優位に立つことが出来る、と考えたのは当然だった。

しかもオヤジさんは、雨の日でも濡れない風防を持ち、鉄ではなくＦＲＰによ

シルバーピジョン　強制空冷4ストローク単気筒SV148cc。戦後「三菱」の製作したスクーター。エンジンはサイドバルブで、3800回転時に3馬力を発生(写真はC21型)

って、鉄では出すことが不可能な複雑なラインと面を表現する美しいボディーを狙った。

ジュノオと呼ばれるスクーターの開発は慎重に行なわれ、同時にスタートした汎用エンジンと、原付の上限につくOHV、90ccのベンリィの開発のほうが優先される。


明らかに同クラスのNSUを手本としたベンリイの名は〝便利〟からつけられたもので、スイングアームの延長線上にマウントされ、路面から受ける衝撃をスイングアームと一緒に動くことでエンジンを守ろう、とするユニークなNSUのメカニズムは、ほぼ完全に近くベンリイに採り入れられた。

国産車ばなれしたスマートなデザインもNSUそっくりのベンリイは、そのスポーティなスタイルで評判がよかったが、路面の悪い地方ではスイングアームと一緒にスイングするエンジンのキャブレターの不調が多く報告されるようになった。

スイングするたびにキャブレターの油面が変動して回転にバラつきが生ずる、といったクレームがそれだった。反面、路面の良い都市ではスマートさと4ストロークエンジンの扱いやすさと静かさが好評で、電力会社やガス会社から大量の

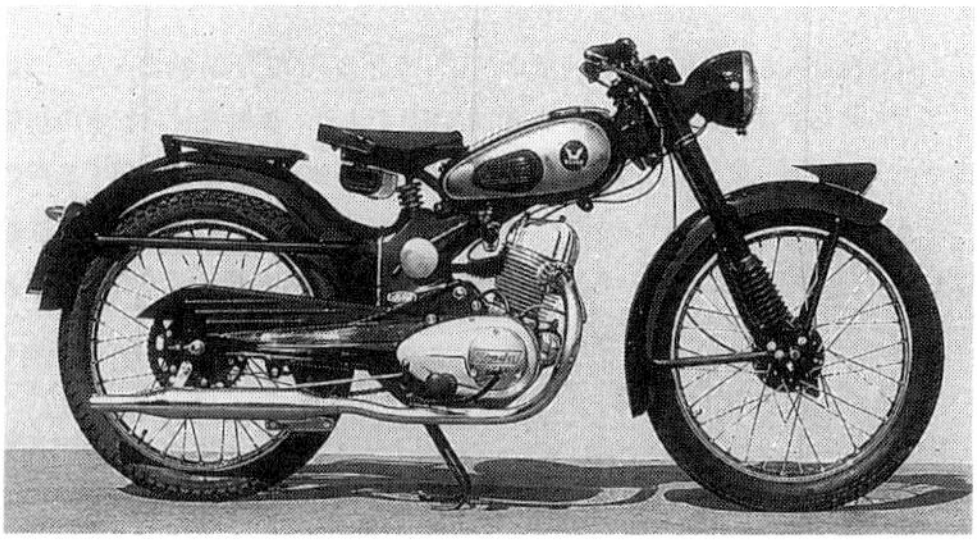

ホンダベンリイJ型(1953年) 空冷4ストローク単気筒OHV型89ccのエンジンは最高出力3・8馬力。エンジンとリアフォークが一体式の、独特なシーソー式のリアクッションを採用していた。

注文を受けることが出来た。

昭和28年（1953年）6月から発売されたベンリイに続いて、翌7月にはH型汎用エンジンも生産された。農業用に使われるために〝農発〟と呼ばれるこの種のエンジンはすでに三菱、中島、ダイハツ、クボタ、ヤンマーなどが新聞やラジオで猛烈なPRを繰り広げて激しい販売合戦を展開していたから、ホンダが新しくこの市場に加わることに危惧を表明する人も多かった。

だがホンダはそれを逆手にとった。新参のホンダがつくってもシェアに食いこむことは出来ないだろう、と自社の製品に自信を持っている先発メーカーの、その自信の隙を狙おう……としたのだ。

「見込みがない、と思ってもダメだ、やめた、にしてしまえば永遠に無になってしまう。これで充分、と思ってしまったら進歩はなくなる。世間一般の常識どおりならホンダから永遠に有は出てこないはずだ。だから無から有を生じるためにホンダは敢えて農発の生産を開始する。そして将来ホンダの汎用エンジンは農発界で燦然《さんぜん》と輝きを発するだろう。そしてこのホンダから若い人が、そのたくましい想像力と実行力を受け継いで、次から次へと連続して発展してゆく姿、それを伸ばして行ってくれるものと期待する。そこではじめて、われわれは産業界の

「ベンリイJ型はバックボーンのプレスフレームを最初に採用したモデルであり、曲線を多用したこのデザインは重厚感を漂わせていた。（中略）全体的なスタイリングは女性の姿をモチーフとしている。」（『Dream2　創造・先進へのたゆまぬ挑戦』本田技術研究所発行より）

新しい息吹を誇ること出来るだろう」

本田技研は最新式工作機械の到着と、それをただちに受け入れる容器……新しい工場の建設を待って、多くのエンジンの開発に着手しはじめた。それはあらゆる顧客の需要に応えるべく、農発汎用エンジンにまで及んだのである。

ホンダのH型エンジンは、2ストロークで強制空冷式の50cc、出力は1馬力で重量は6kgしかなかった。その小型軽量はそれまでの重いエンジンに閉口していた農村の人たち、特に果樹園で働く人たちに歓迎された。

H型は肩に担ぐことが出来たからリンゴ園や、さらに斜面でつくられるミカン畑へ手軽に持ってゆけた。そのために発売開始早々にホンダは共立農機から一手に販売したい、という申し出を受けて契約を結ぶ。H型は携行用エンジンとして薬液を噴霧するのに最適だったから、ブラジルへも数千台がまず輸出された。

H型に続く第二弾は4ストローク、130ccのサイドバルブエンジンのT型だった。ホンダの狙いはこのクラスの農発の主力がディーゼルエンジンだったことから、これにとって代わることにあった。

ディーゼルエンジンは燃料がガソリンに比べて安いこと、そしてタフなことから長いこと王座にあった。耕運機として使ったり、川から水をあげることや、そ

ホンダが開発したH型汎用エンジン（1952年）ホンダ初の汎用製品。背負い式の噴霧器の動力源として活躍した。2ストロークのH型は、T型で4ストロークになる。

の逆に排出したりすることに使われるエンジンはパワーがあって、そして長い時間回し続けても大丈夫なことが絶対必要で、そのためにディーゼルエンジンが広く使われ、それだからメーカーもディーゼルエンジンのみを販売していたのである。

しかし、ディーゼルエンジンにも泣きどころはあった。

それは大きくて重いことだった。それにもかかわらず軽くてパワーのあるエンジンに注目せずにディーゼルエンジンでよし、としていたのがホンダの目をつけた〝隙《すき》〟だった。

ホンダのT型は、もちろん小さく、それでいてパワーは2・5馬力あった。一時間回し続けてもガソリンは3合（約5リットル）しか食わなかったのである。

ここまでの話は今日、日本の一方的な輸出に対して抑制または非難を浴びせる世界の国々に対する痛烈な批判となるべきものを含んでいる。それは〝良い品に国境はない〟という鉄則の名言であり、良い品をつくれないために輸入品の増加に悩んだ1950年代はじめのわが国の苦悩と、それに対応するためには外国製品に負けないものをつくるよりほかに方法はないと、自らの会社の資本金の数10倍を良い品をつくるために敢然と借金した本田技研の姿勢を考えればよいので

ホンダT型エンジン（1954年） 2ストロークから4ストロークへと変更された汎用エンジン。主に揚水ポンプの動力源として活躍。

ある。

今日、老大国といわれ、輸入超過に悩む国は安易に過去の栄光の上に座しすぎたのではあるまいか。烈々たる闘志をもつ技術者と、それをマネージメントする優《すぐ》れた人物はどの国にもいたはずなのに……という思いは、単純なオートバイ好きにすぎないぼくの心の中に潜み続ける。

そしてオヤジさん、本田宗一郎氏と藤沢武夫氏の名コンビが奏《かな》ではじめた壮大な叙事詩《じょじし》は、まだ始まったばかりだったのである。


本田宗一郎と藤沢武夫は、仕事の得意分野も全く違う二人だったが、互いに信頼し認め合うことで様々な困難を乗り越えホンダを世界企業へと発展させた。

第3章

世界をめざして——TTレース出場宣言——

世界の頂点に立つまでのホンダの足跡をたどってみると、ソニーと並んで〝戦後世界で急成長したふたつの企業、その二大奇蹟〟といわれて今も注目され続けている理由が浮かびあがってくる。

このふたつの企業に共通するものは「独創」ではあるが、ホンダの場合はその独創よりも先に、すぐれた見とおしに基づく強固な判断力があったことを見逃すわけにはいかない。

世の中には「どうもホンダのオートバイは好きになれない」と言うアンチホンダ派もたくさんいるが、今日のホンダを築きあげるまでの草創期のホンダの〝生きざま〟は、そういった人たちにもホンダ車への好き嫌いは別として、心をひらき耳を傾けるべきものを多く持っている。

たとえば、資本金の25倍にも達する設備投資である。円高ドル安の今ならともかく、1ドル360円のレート、しかも割り当て制の中で、「国が私たちの考えを理解してくれたから出来たこと」と言ってもそれはケタ違いの借金だった。

また、ホンダが航空機関係の技術者を広く求めたことは、自社の製品を航空機なみの精密さにまで持っていきたい考えのあらわれだった。

「いつまでも戦争前と同じ考えで百分の一ミリでいいという感覚で車をつくってちゃぁいけないよ。これからは千分の一ミリでつくらなくっちゃ。それには良い機械が必要なんだ」という考え、そしてその機械を一日でも早く使いこなすためにも、航空機の製作や設計に携わってきた人たちが必要だったのである。RSCの社長までつとめた関口久一氏もそのひとりだった。

レーシングエンジン開発のために招かれた関口氏は、昭和33年（1958年）、荒川のわずか1500メートルしかない直線だけのテストコースをかっ飛んでゆく〝ベンリイ改〟のことをこう語った。

「飛行機は3000も回せば浮くし、2500も回っていれば飛ぶわけですよ。それが一万近くまで回すわけですから、大したもんでした」

1954年、ブラジルの首都サンパウロ400年祭を記念する多くのイベントの中に、オートバイレースを組み入れて世界各国へ招待状を送った。

これを受け取った日本政府はともかくそれを通産省に伝え、通産省はさらにこれを小型自動車振興会に伝えた。レースといえばダートトラックでのギャンブルレースしか思い当たらないこちらとしては、とりあえずブラジルへ行く気のあるメーカーを打診することから手をつけた。

希望するメーカーは思ったよりも多い5社に達し、先方の言ってきたレギュレーションの125、250、350、500もほぼ満たすことの出来る10台を揃

荒川河川敷のテストコース。コーナーは無く、直線コースだった。ホンダはここで車両のテストを行ない、製品にフィードバックしていった。

えられる、その旨をブラジルに返事した。

ところがそれはすでに参加申し込みが締め切られた後になっていた。先方では返事が遅いために〝不参加〟と決めつけて予算も計上してしまったから、日本のチームを招待する予算は残っていない、というのだった。そしてこう付け加えた。

「自弁で来てくれるならば国をあげてあなた方を歓迎いたします」

外貨（ドル）を獲得するために、国をあげて大騒ぎする時代でもあった。その外貨さえロクに手に入らない……つまり輸出がたいへん少ない時代に、地球の裏側にまで競走をしに行くために貴重な外貨を減らすことはない、という考えが大勢を占めたが、ホンダとメグロだけは自弁で行くことを決定した。

それでも両社とも1名のライダーを送るのが精いっぱいで、マネージャーとして同行する馬場利夫氏の分はホンダとメグロが半分ずつ出すことになって、3人がヨーロッパ回りで行くことになった。

決定から出発までの時間もなかった。ホンダは大急ぎでマシンの製作に取りかかったが、ここでもやはりダートトラックしか頭になかった。マシンは先方のレギュレーションに合わせてドリームE型の150ccを125ccにしたものがつくられた。そして〝ダートに強い〟という理由からスチールパイプのガーターフォ

マン島TTレースに先駆ける最初の海外レース挑戦が、サンパウロ市の400年祭記念の国際オートレースだった。1954年2月13日、大村三樹雄（No.136）の奮闘で13位完走を果たす。ただし、ヨーロッパからの参加車と、ドリームE型改造レーサーとの性能差は、あまりにも歴然としていた。（『語り継ぎたいこと　チャレンジの50年』本田技研工業株式会社発行より）

ークが取り付けられたが、リアはリジット(固定)のままで、ミッションはわざわざ2速に変更された。

しかしサンパウロのレース場は日本選手団をびっくり仰天させた。それは郊外にあって適当なアップダウンと右コーナー、左コーナーをもつ本格的なサーキットだったからだ。

マン島TTレースは1947年に再開されていたが1954年の日本ではレースなどというものはダートトラックでのギャンブルレースか、公園や河川敷での草レースしか見ることも聞くことも出来なかったから、国際レースの行なわれるコースがこのように立派なものであることは全く想像にないものだった。

ヨーロッパからやって来たマシンにしても、すでにマン島TTをはじめとする国際レースに出場したものばかりだった。

彼らは遠い国からやってきたホンダを奇異《きい》の目で見つめた。ガーターフォークにリジットとなれば、それはもうそれだけで1920年代のマン島TTにタイムスリップしたようなマシンだったからだ。

大村美樹夫選手は、オヤジに言われたことを守って、ひたすら完走だけをめざした。1周6キロのサーキットを25台の125ccが走り、ホンダR125は13着に入ることが出来た。大村選手のみやげ話を宗一郎氏はひと言も聞き洩《も》らすまい、とした。

外国がそれほど進んでいることは、サーキットの建設を含めて実際に行って走った人の話を聞くまでは全くわからなかった。話を聞きながら宗一郎氏の心の中に、ひとつの青写真が描かれつつあった。しかしそれは口には出さなかった。1953年11月から生産に入った新型スクーター〝ジュノオ〟のことがどうしても頭から離れなかったからであった。


ホンダがスクーターの市場（マーケット）に割って入ろうとしたのは、ラビットとシルバーピジョンがほぼ市場を二分する恰好《かっこう》で占領していることに目をつけたからだ。

もちろん中島と三菱の占める市場の何パーセントでもいいから狙ってしまおうとして進出を図ることもあったが、なにしろラビットにしてもピジョンにしても全国的にガッチリと地盤を固めてしまっていたから、よほど性能が良くて、それでいて値段も安いものをつくらなければ1％のシェアといえども獲得するのは難しいことだった。

両車の人気は、はっきりふたつに分かれているようだった。同じサイドバルブのエンジンなのに山坂の多い地方ではピジョンのほうが人気があり、都市部ではラビットのほうが人気があった。坂に強いピジョンはその自動変速機がラビットより優れていたためで、ラビットが都会でモテるのはその洒落《しゃれ》たスタイルにあった、ということが出来る。

　ホンダはまず先行車のエンジンが非力なことに着目した。ホンダはドリームE型のOHVエンジンを持っている。これを使えばエンジンはまず問題なかった。そうなると次はどういう使われかたを狙うか？　ということだ。

　都会派か、またはその逆か？　ということを考えればモダン好きの宗一郎の考えから始まった計画だから、当然都会派に落ち着いた。しかも後ろに荷物を背負って走りまわるスクーターはまっぴらごめんだった。新進のホンダがつくるからには、スマートで荷物を積む荷台などはない。そう、ふたりが乗って快適に走るスクーターがいい。ついでに雨の日でも走れるような全天候型スクーターにしてしまおう。これが〝ジュノオ〟のプロジェクトのはじまりだった。

　ホンダは今風にいえば〝シティ感覚〟のスクーターを目指したのだ。

　新しいものをつくるからには新しい感覚でやらなければ意味がない、とする宗一郎氏の考えはジュノオにそのすべてが盛りこまれていった。

　開発途中でドリームE型のエンジンのパワーアップがあったために、ジュノオのエンジンは198ccを共有することになった。

スクーターの市場はラビットとシルバーピジョンが大半を占めていた。写真は、庶民の足として活躍したラビット。

フレームは太い剛管による背骨（バックボーン）式でこれは常識的な線に落ち着いた。ただし前輪は早くも片持ち式、後輪はチェーンケースをスイングアームとするもので、これも片持ちだった。

片持ち式を採用したのは、パンクしたときに修理するためにタイヤを外しやすいように考えて設計された。

当時の道路は非常に悪く、タイヤのゴムの品質も低かったから、パンクは日常茶飯事だった。だから自動車のようにホイールナットを外せば簡単にホイールが外れる方法が決定されたのである。

エンジン始動がキックではなく、セルモーターによる、ということも多くの人の関心を得た。もちろんジュノオにはキックペダルもついていたが、これはバッテリーが甘くなったときなどのためについているのであって、通常のスタートはキーを回してボタンを押せばいい、というこれも自動車的なものだった。

自動車的、といえばジュノオは少しくらいの雨なら濡れないですむように、ということで大型の風防を取り付けた。この風防は最初からジュノオ全体のデザインの一部としてデザインされたもので、これがジュノオのスタイルをいっそう引き立たせた。

しかもこの風防の上にはヒンジによって角度を調節出来るもうひとつの風防が

ホンダジュノオK（1954年発売）　空冷4ストローク単気筒OHV189cc。全天候型スクーターとして雨天でも濡れないように2枚の風防を装備したジュノオは、アメリカから輸入した当時最新素材のポリエステルをボディに使用していた。日本の企業では、量産品では極めて早い採用であった。

ついていて、これを水平にすることでライダーは頭の上に降る雨から濡れずにすむのだ。全密閉式ではないから横から入る雨や、背後から巻きこむ雨には依然無防備であるにしても、ジュノオの大型風防は出先であう雨程度には、かなりのプロテクションを発揮することを念頭において開発されていた。

ジュノオに盛りこまれた新機軸……片持ち式のサスペンション、チェーンケースをスイングアームとしたリアサスペンション、セルスターター、大型の風防、さらに既存のスクーターのタイヤサイズが400‐8（このサイズは穴ぼこに飛び込めばまず転倒するといってよかった）を使っているのに対して、安定性と悪路走破性を高めながら快適な乗り心地を実現するために採用した、500‐9という大径タイヤなどは、特徴ある仕様だったが、それでもなおボディに使われたポリエステル樹脂の前には、影の薄い存在でしかなかった。

良いものは美しい、というのが宗一郎氏の信念だった。ドリームE型のエンジンは良い出来だった。それはホンダが始まって以来の傑作ということが出来た。そんな良いエンジンに衣を着せて隠すのだから、衣《ころも》は美しいものでなければならなかった。

今までのように鉄を使うとすれば、プレスで出せる曲面やカーブは極めて制限を受けるものしか出せない。それでは従来のスクーターのデザインを一歩も出ることはない。そこでジュノオは、鉄よりも軽く、工程が楽で、しかもプレスでは成形しきれない多様な面と線を出せる材料……ということでホンダはわが国で初めて大規模にポリエステル樹脂を使うことにした。

ポリエステル樹脂をガラス繊維と混ぜ合わせたり、含浸《がんしん》させて使う強化プラスチックス(FRP)は戦争中から実用に供されていたが、これを自動車に使うということはアメリカでもまだはじまったばかりだった。

鉄と同じ強さを持たせる場合、ポリエステル樹脂を用いたプラスチックは鉄の三分の一の重さがあれば充分だった。しかも型の中に射出し加熱、どんな複雑な形も簡単につくることが可能で、型が大きければどんな大きさのものでも一発で成形することが可能だった。

いうならば〝たい焼き〟のようにして出来上がるこの方法が、世界のGMでさえまだ実用化出来なかったのは、ポリエステル樹脂の製造や加工に莫大な化学プラントが必要だったこともあるが、ともかく大量につくればコストは下げられるにしても、大きな物への利用はまだ足踏みの状態だった。

完成したジュノオは、まさに堂々たるスタイルだった。それは今まで〝夢のスクーター〟として雑誌の投書欄に登場していたデザイン画そのものとさえいえるものだった。

前人気上々のジュノオは発売早々から引っぱりだこのスタートを切った。だがそれもつかのまで、ジュノオに対する不満が続出した。

恰好《かっこう》はいいし、セルスターターがついているし、大型風防は雨風から守ってくれる。しかしジュノオを買った人はジュノオがホンダらしくない鈍《どん》な車なことに不満をもった。ジュノオはラビットやピジョンにどんどん追い越されるスクーターであった。

理由はいくつかあった。だがその最大なものは、造形の自由を狙い、そして鉄より軽くて丈夫なことから採用したポリエステル樹脂が、製造上の未熟と技術不足のために、鉄と同じ強度を出すために厚く重くなってしまったことにあった。同じエンジンを使うドリームE型の車重が97kgなのに、ジュノオの車重は170kgにもなってしまっていたのだ。

こうなると198cc、6・5馬力では、受け持つ重量に対して全く非力だった。単純に考えてもジュノオの走りはドリームの半分になってしまったといえるほどだった。3速をフルに使って走らせなければならないというのに、さらに悪いことにデザイン最優先のボディは通気孔をほとんど持たないスマートさだった

「ジュノオは神話の女神ですが、まさにその名の如く、美しいスタイルと色彩に包まれています。スクーターもここまで来れば乗用車と言へます。」(原文のまま引用　1954年ジュノオのカタログより)

から全開のエンジンの発生する熱が中にこもって、それがオーバーヒートを起こす原因にもなった。

このような不調が表面に出てくると、それを助長する噂が流れるのも常と同じだった。〝ジュノオはカッコだけ〟というのがそれで〝片持ちだから真っ直ぐ走らない〟とか、〝風防が大きいから強い向かい風だと極端にスピードが落ちる、そのかわり追い風だと速いけどね〟といったたぐいのものが巷《ちまた》に流れた。

ホンダはエンジンを4E型用の220ccに載せ換え、ボディ前部の横に通風孔を開けたが、その220ccのエンジンは初期にキャブレターのトラブルが多く、依然として〝重くて鈍いジュノオ〟の評判は挽回出来なかった。

その後ホンダは、重量を少しでも減らすためにセルモーターを取り外したモデルを発売するが、セルモーターを外したことで浮かすことが出来た重量はわずか10kgでしかなく、ジュノオKBの重さは依然として160kgもあり、むしろセルモーターを取り外したことへの不満が出たために、ホンダは再びセルモーターを付けたKC型をつくらなければならなかった。

ホンダにとって1954年は悪いことが重なって始まった。それは全社をあげての期待を担って登場したジュノオの予想外のトラブルと不人気であり、爆発的

ホンダジュノオKB（1955年）　車重を減らすためにセルモーターを取り外したモデル。220ccのエンジンは9馬力を発生したが、車重は160kgと重く、最高速は時速75km。

人気で売り上げを一気に伸ばした自転車用補助エンジン〝カブF〟の人気の下降と、220ccになったドリームE型のキャブレターに起因するクレームの続発だった。

さらに戦後最大の不況ともいわれる不景気がやって来て、莫大な設備投資による借金を背負ったホンダはそれまでの順風満帆からいっぺんに厳しい試練の場に立たされたのだった。

ホンダのとる道は信用の回復しかなかった。そのために一番良く売れるドリームのクレームを真っ先に処理することだった。これから春にむかって一番売れる時期だというのに不景気と不人気が重なってドリームの出荷は初めて伸び悩みをみせていた。

キャブレターの改善は宗一郎氏が先頭に立って行なわれ、それと同時に全ての協力メーカーには納品を減らすことが要請された。ホンダは初めて生産を減らす生産調整を実施したのである。生産を減らした分だけクレームの処理にあたるのが目的のこの計画は、ホンダの将来に賭ける協力メーカーの大多数の理解で行なわれた。〝必ず元に戻す〟という約束を信じた全ての協力メーカーの工場は、ホンダと一緒に苦境に耐える決心をしたのだった。

キャブレター不調の原因がわかるとホンダはキャブレターの生産に全力をあげ

た。出来上がったキャブレターはドリーム4E型の納入先すべてに送られて無料で交換された。

生産台数が多いだけに、それは大変な仕事だった。すべての社員がなんらかの形でこの無料交換の仕事に従事した。全社員は「5月の連休の延期と生産部門の残業延長と、そして生産部門への応援」の三つの会社側の要請に応えた。それは〝売れるから連休をやめて残業をして、馴れない部門に応援に行く〟のではなかった。〝やらなければ会社が潰れてしまうかもしれない〟という危機感があって会社が一丸になったのだった。

藤沢専務の言う〝緊急体制〟は1ヵ月で解除された。ホンダは1ヵ月という短い期間に、ともかく敏速にドリーム4E型のクレームを処理したのである。

だが社員には疲れが残った。それは体力的なものだけでなく、こんなことがまたいつかあるのではないか、という精神的な不安によってさらに深いものがあった。社員は全員が莫大な設備投資額を知っていた。いくら精密で良いものをつくる、といってもクレームが起きたではないか、という不平は現場に向けられる傾向さえ見られてきたのだ。苦しいときには一丸になっても、それが一旦おさまると、さまざまな批判や不平不満が出てくるのはどこでも同じだった。

藤沢専務は社員の士気が沈滞するのが一番心配だった。それを奮《ふる》い起すために

クレームが発生したホンダドリーム4E型（1954年）E型の外装をリファインし、排気量をアップした4E型は200ccと220ccのモデルがある。220ccはエキゾーストが2本と豪華だったが、キャブレターの不具合に悩むこととなった。後継の5E型も計画されたが、出力の優位性が認められず途中で開発は中止となった。

はなんらかの景気づけが必要だった。藤沢専務は宗一郎氏に話を持ちかけて、そして自分の手であの宣言書を書き上げた。まだその宣言書を読んだことのない人たちのために、その宣言書を書いておこう。

宣言

わが本田技研創立以来ここに五年有余、画期的飛躍を遂げ得たことは、全従業員努力の結晶として誠に同慶《どうけい》にたえない。

私の幼きころよりの夢は、自分で製作した自動車で全世界の自動車競争の覇者となることであった。しかし世界の覇者となる前に、まず企業の安定、精密なる設備、優秀なる設計を要することは勿論で、この点を主眼として専ら優秀な実用車を国内の需要者に提供することに努めて来たために、オートバイ・レースには全然力を注ぐ暇もなく今日に及んでいる。

しかし今回サンパウロ市における国際オートレースの帰朝報告により、欧米諸国の実状をつぶさに知ることが出来た。私はかなり現実に拘泥《こうでい》せずに世界を見つめていたつもりであるが、やはり日本の現状に心をとらわれすぎていたことに気がついた。今や世界はものすごいスピードで進歩しているのである。

しかし逆に、私の年来着想をもってすれば、必ず勝てるという自信が昂然と湧きおこり、持ち前の闘志がこのままで許さなくなった。〝絶対の自信を持てる生産体制を完備した今、まさに好機到る！　明年こそはＴＴレースに出場せんとの決意をここに固めたのである〟〈中略〉

わが本田技研はこの難事業を是非とも完遂し、日本の機械工業の真価を問い、これを全世界に誇示するまでにしなければならない。わが本田技研の使命は日本産業の啓蒙にある。

ここに私の決意を披歴《ひれき》し、ＴＴレースに出場、優勝するためには精魂《せいこん》を傾けて創意工夫に努力することを諸君と共に誓う。

右宣言する。

昭和二十九年三月二十日

本田技研工業株式会社　社長　本田宗一郎

この宣言書が発表されたときの反応はそれほどでもなかった。全従業員は会社が苦しいことをよく知っていたから、ＴＴレースがどういうものかを知っている人も知らない人も〝ああ、オヤジがまたなにか大きなラッパを吹きはじめたな〟と受け取る人のほうが多く、河島喜好氏でさえ、〝オヤジは本気で言ってるのかなぁ、このうえ外国のレースに出たりしたらそれこそ会社が潰れちゃうかもしれ

ＴＴレースとは、モーターサイクルのオリンピックともいわれる世界で最も代表的なロードレースである。その歴史は古く、明治40年に第1回が行なわれた。（『ホンダの歩み』本田技研工業株式会社発行より）

ない〟と心配した。

しかし大方はそうであっても決して信じないわけではなかった。〝オヤジのことだ、またなにか考えついたらしい〟という期待が生まれた。

宗一郎氏はこの宣言文を発表してから3ヵ月後の6月に、マン島TTレースの見学をするため日本を出発した。いっしょに行ったのは当時、東京大学の教授であり、当時ホンダの顧問だった佐貫亦男《またお》氏たったひとりだった。

藤沢専務は宗一郎氏の耳にこうささやいた。

「ゆっくりして来て下さい。その間にいろいろな問題は私がちゃんとしておきます。あなたがいてはまずいことだってあるのですから……」

「そうだよな、俺がいるとついつい口を出したくなるからな」と、宗一郎氏は笑って答えたという。

マン島TTレースを見学したあと、宗一郎氏は出来るだけゆっくりと滞在した。せっかく来たのだから専務の言うとおり、ゆっくりしながらヨーロッパ業界の実状を出来るだけ多く見て帰ることにしたのだ。

社長のいない間、藤沢専務のやることはいっぱいあった。それは社長がいないほうが良いことばかりだった。生産調整、協力工場への協力依頼、ジュノオの不

佐貫亦男(1908年生まれ)秋田県出身。東京帝国大学工学部を卒業。日本楽器、気象庁などを経て東京大学教授。航空宇宙評論家としても活躍した。1954年頃の佐貫氏は、ホンダの顧問も務めていた。

振、ドリームのクレーム、カブFの売行き激減、などという悪い材料ばかりの中から〝ホンダは潰れるんじゃないか〟という憶測が本気であちこちで飛び回っていたころである。

そこに社長がとんでもない宣言を出したあとにイギリスへ……となれば、「そんなことはありませんよ。もし、ウチがそんなに危ない状態なら、社長がイギリスへ出かけるわけがないでしょう」と言うことが出来たし、メインバンクである銀行はホンダのために、まかり間違えば頭取の首がとぶほどの融資をホンダに対して行なっていた。

マン島は、イギリス本土とアイルランドの中間に浮かぶ小島で観光地として知られている。このロードレースには、島の主要道路が一般の交通を閉鎖され厳重な交通制限のうえ、コースとして使用される。(『ホンダの歩み』本田技研工業株式会社発行より)

第4章

〝作業服神聖論〟

――白いつなぎのエピソード――

白いつなぎは汚れが目立つ。だからこそ清潔を心がける。役員も社長も、みんな同じ作業着で働く。

熱にうなされるみたいになって宗一郎氏が日本に帰って来たとき、ホンダには心配される材料はほとんど残っていなかった。それを報告するために羽田空港へ迎えに来た藤沢専務に宗一郎氏は握手のために手を差し出すことも出来なかった。なぜならば宗一郎氏は、本場で手に入れた部品を両手に持てるだけ持っていたからであった。

ポケットの中から取り出してみせた一本のネジを説明する宗一郎氏の顔はまるで少年のようだった。それを見ながら藤沢氏は〝この人はまったく根っからの技術屋さんなんだ〟と、しみじみ思った。

宗一郎氏が海の向こうから拾ってきたネジ、というのは今ならごく当たり前のクロスネジだった。しかし、そのころのホンダにはまだマイナスネジばかりだったから、宗一郎氏は見学先の工場の床に落ちていたネジに目をつけて拾って来たのである。

「これなら機械で締められる。それに能率が上がる」

これが、とっさにそのネジをポケットの中に入れたときの〝ひらめき〟だった。そしてもっと大切そうに宗一郎氏はヘキサゴンネジを取り出して、藤沢氏に見せた。

「いやになっちゃうよな。ネジ一本でも日本は遅れているもんな」

羽田に着いた本田が、「俺、これ拾ってきたよ」といってポケットから出したのがクロス・ネジ(プラスネジ)なんですね。(中略)このクロス・ネジの採用が、日本の工業全般の発展にどれほどの貢献をしたかは、はかり知れませんよ。工場の床に落ちていた一本のネジに着目した本田の烱眼は、まさに神業といっていいですね。(藤沢武夫著『松明は自分の手で――ホンダと共に25年――』より)

留守中の藤沢専務の奮闘に対して宗一郎氏は礼の言葉を言いたかった。しかし、それは何となく照れくさくて素直に口から出なかった。だから余計に持ち帰った部品の自慢をしたり、向こうでの珍談を喋《しゃべ》りまくった。それにうなずき、相《あい》槌《づち》をうち、笑いながら藤沢専務は宗一郎氏の言葉にない感謝の気持ちを受け取った。

この人は技術屋であると同時に、人を惹《ひ》きつけるものを持っている……と、藤沢専務は、あらためて感じた。

ホンダがごく少数ではあるが輸出されるようになったころ、ホンダを商談のために訪れる外国人バイヤーの接待には必ず宗一郎氏が同席した。ある日、訪れたバイヤーを宗一郎氏は日本料理でもてなすため、料亭に招待した。

ところが中座したバイヤーの夫人が涙ぐんで席に戻って来たのである。めざとくそれを見つけた宗一郎氏は「どうしたのですか?」と聞いた。すると夫人は「夫からもらった指輪を落としたのです」と答えた。「見つからないのですか? どこなのですか? 私が探してきますから教えて下さい」と宗一郎氏は聞いた。

夫人は恥ずかしそうに言った。「トイレなのです」どうやら馴れない日本式ト

よく、混乱した時代、価値づけの複雑な時代ほど哲学が求められているというけれど、そうかもしれない。しかし、私のいう哲学は、たいして難しいものではなく、人を動かすについて必要な、相手を知り、他人の身になってものごとを考えたり、実行したりすることなのである。
(本田宗一郎著『私の手が語る』より)

イレで、なにかのはずみで落としてしまったようであった。

その指輪を宗一郎氏は、排泄物の中から自分で探し出したのである。だが夫人はそれを受け取ろうとしなかった。うれしそうだったが悲しげに言った。「それはもう不潔です。夫が新しいものを買ってくれると言いましたから」

それを聞いた宗一郎氏は「これはもう汚くはありません。私が熱湯で洗って、よく消毒をしてきましたから」と答えた。

「でも……」と夫人が口ごもった瞬間に宗一郎氏はその指輪を自分の口に放りこんで、飴《あめ》でもしゃぶるように口の中で転がしてからそれを取りだした。

「どうでしょう？　私がこうして口の中に平気で入れたのですから。それとも私の口の中はもっと不潔だとおっしゃるのでしょうか。それならまたもう一度消毒してまいりますが……」

びっくりする夫人の脇から夫であるバイヤーが宗一郎氏に手を差し伸べた。それは商談の成立を意味した。「あなたは誠実な人だ。私は妻に代わってあなたに感謝し、そしてあなたの会社の製品を売らせてもらうことにしよう」

どうだろう。社長である宗一郎氏が自分で汲取り式のトイレの下にもぐりこむなどということを誰が考えるだろう。だが、それを宗一郎氏はやってのけたのである。
「いやぁ、あれはね、結婚指輪だときたから探す気になったんだ。うちのかみさんには買ってやっていないけれど、西洋人が結婚指輪を大切にすることくらい俺だって知ってるから」と、宗一郎氏はあとで親しい人に言ったそうである。

本田宗一郎氏は昭和27年4月、小型エンジン、およびその他各種の機械に関する考案によって、わが国の産業界に貢献したと認められて「藍綬褒章」を授与された。これは宗一郎氏にとって初めての受章だった。

授与は宮中で行なわれるものだが、宗一郎氏はその授与式に白いつなぎの作業着のままで参内すると章勳局に申し出た。宗一郎氏に言わせれば「白いつなぎは仕事着だから神聖だよ。仕事着は職人の正装だ。オレの仕事に対して勲章をくださるというんだから、それならそれらしく仕事着で正装して行こうっていうんだよ。神聖な仕事着でいただきに参りましたって言えば、天皇さまだって許してくださるはずだよ」ということになる。

もちろん宮中での授与式はモーニングを着用して参内するのが常識だから、役人さまはなんとか宗一郎氏に作業着での参内はやめるようにと説得したが、宗一郎氏はなかなか自説を曲げようとしなかった。

工場では、創業時から純白の作業着が支給されている。事務部門も含め、もちろん社長、役員も例外ではない。自動車メーカーの従業員が純白の作業着を著供養するのは世界でも珍しい例であるが、①みんなが同じ服装で仕事をする、②白は汚れが目立つので清潔を心がける、などの理由から採用された。(『ホンダの歩み』本田技研工業株式会社発行より)

本当のところを言うと、宗一郎氏は背広も持っていないくらいだから、モーニングなど持っているはずもなかったのだ。着るものといえば、つなぎとアロハシャツくらいなもので、事実そのころの宗一郎氏の写真には無造作に、そしておよそ似合わないアロハを着ているものが多くあるのだが、モーニングを持っていないとは恥ずかしくて言えず、それで〝作業服神聖論〟をぶちあげたのだった。

「まさかアロハシャツじゃあいけないことぐらいは知っていたよ。でも勲章をやるんだからモーニングを着て来いっていうような言われかたをしたもんだから、少しさからってやろう、と思ったんだ。しまいには本気で白いつなぎで行こうか、なんて思った。そうしたらうちの役員の中にモーニングを持っているのがいてさ、貸すから着て行けって言うんだ。だから結局はそれを貸してもらったが、モーニングはモーニングなんだから役人は何も言わなかった。俺も人が悪いから、口うるさかった役人の前に行って、〝グッドモーニング！〟なんて言ったりしたからねぇ」

受章の話が出たからついでに昭和56年に宗一郎氏が「勲一等瑞宝章」を受けたときの話もしておこう。この時は松下幸之助氏が「勲一等旭日章」だった。記憶のいい人が29年も前の〝モーニング騒動〟を持ち出してひやかすと宗一郎氏は

「今度はちゃんと用意してあるわ」と笑わせた。

勲一等をいただいた宗一郎氏はそれは今まで自分を支えてくれた人たちのおかげ、として都内の一流ホテルで盛大な謝恩会を催した。

出席して受章を喜ぶひとは、外国人を含めて数千人の多くにのぼった。

実はここで、僕の一番好きなエピソードが登場するのである。それは宗一郎氏がタキシードを着て、その襟《えり》に風船を結び付けたという話なのだ。

宗一郎氏は明治生まれの日本人の平均的身長の持ち主であり、すでに皆さんが知っているとおりに風采《ふうさい》もそれほど堂々たるものではなく、失礼な言いかただがどこにでもいるようなおっちゃんといったタイプであって、もしどこかですれ違ったとしても気がつく人はいないかもしれない。そのことは宗一郎氏自身がいちばんよく知っていることだった。

大体が気取ったり格式ばることが嫌いな人だから、ホテルでの謝恩会もありきたりのあいさつははじめの何十分かで、あとは立食パーティの形をとった。数千人の人の中である。

主催者であり、お客様にお礼を言う自分がその人波の中にまぎれこんでは、どこにいるかが分からなくなる。それでは大変失礼になるから、どこにいてもそこに本田宗一郎がいるということが、ひと目でわかるようにする方法はないか？

と考えた。

その結果が、タキシードの襟に風船を結びつける方法だった。それも糸を長くして風船が高く上がるようにしようとした。話を聞いた夫人は「およしなさいませ」と言ったかどうかは知らないが、一応のセレモニーが終わって来客が広い会場に散って、それぞれ賑やかな会話が弾みだしたころ、会場の中で天高くひとつの風船がゆらりゆらりと揺れて歩いた。その風船には、薄くなった頭髪を含めて誰が見てもわかる似顔絵が描いてあった。

満場が静まりかえり、やがてそれが拍手にかわった。その風船の下には本田宗一郎その人がいることは間違いなかった。だから人々はその日の主人公にひとことお礼を言いたくて、風船の揺れ動くほうに歩み寄ろうとした。しかし、その必要はなかった。ゆらりゆらりと浮かぶ風船はひとりずつにお礼を述べ、お祝いの言葉を受けるために、一時《ひととき》も同じ所に止まることはなかったからだ。

そしてその風船の下で主人公は襟に糸でつないだおかげで自由に使える両手で、来てくれた人にワインをすすめ、そして注いで握手をしてまわっていた。

人々は宗一郎氏のユーモラスな発明に、心から拍手を送り続けたという。

白いつなぎはホンダの伝統である。汚れが目立つ白を選んだことは清潔を好む

仕事でも遊びでも家庭生活でもそうだが、私たちの毎日すべて他人との相互関係で成り立っている。ものごとをうまくスムーズに進めるためには、その相互関係が、ぎくしゃくしてはいけないのである。（本田宗一郎著『私の手が語る』より）

宗一郎氏の注文であると同時に、仕事が上手なやつは作業服も汚さない、という信念からだった。

ホンダはアート商会のような修理屋ではなくて、新車を作るメーカーなのだ。「まっさらな新品部品を組むのに、作業服が真っ黒に汚れていたらサマにならないよ」というのが宗一郎氏の考えだった。

埼玉で旧《ふる》い工場を買った時の話も有名である。ボロボロの工場を買ったものだから改装が大仕事だったが、見に行った宗一郎氏は、いちばんはじめに食堂とトイレをきれいにつくることを命じた。予算もないし、食堂もトイレも外につくろうと考えていた担当者がそのことを言うと、宗一郎氏は「人間は入れるところと出すところをきれいにしなければダメだ。そこが薄汚れていてどうして美しいものがつくれるか」と答えていた。結局予算がないなら仕方がない、と食堂は別につくることになったが、そのかわりにトイレは工場のど真ん中につくらせた。

普通ならばトイレは工場の片隅か外につくられるものだが、それを工場の真ん中につくらせたのは「真ん中にあればきれいにして使うだろう?」という考えがあった。掃除が行き届かなかったりすれば悪臭は工場いっぱいに広がるだろうと考えたのだ。それが嫌なら使うほうも汚さないように気を付けるだろう……、という狙いは的中した。

小学校を卒業した当時15歳の本田宗一郎は、東京の本郷にあるアート商会の丁稚小僧になった。21歳の時、丁稚を終えた宗一郎はアート商会浜松支店を開業。主に自動車修理を行っていたが、時には修理工場の域を越え、発明にも没頭した。（左の車『ハママツ号』の横にサングラスをかけた本田宗一郎がいる）

古工場の中でいちばんきれいなのは、工場の中央に新築されたトイレだったのである。この件については、トイレを外に建てると持ち場から遠くなるし、行ったついでに一服……などということも出てくるから真ん中につくった、というがった説もあるけれども、聞くほうとしては〝清潔第一説〟をとりたいと思う。

清潔、ということは「豚小屋のような作業場から良い製品が生まれることは絶対にない」、という宗一郎氏の信念から工場でも徹底されたし、「残業を連続してやることも生産のアップにはつながらない」、という信念も早くから実行に移されていた。

危険な仕事に従事する人や、不健康な職場で働く人には特別な手当てをつけるという方法は広くとられていたし、現在でもそうしているところは多い。だというのに宗一郎氏は埼玉に工場を持った時点で早くもそれを否定して排除した。

そういった手当てというものは、そのような悪い条件を直したあとで考えるもの、というのがその唯一にして最大の理由だった。

しばしば伝えられるホンダの独創というものの多くは、このあたりの発想からうまれてくるもののようであった。

だが、オートバイのほうは完全な独創にいたるにはまだ時間が必要だった。べ

埼玉製作所を大和に建設し、機械だなんだといくら金があっても足りないときに、何よりも優先して水洗の清潔なトイレを造らせた。当時いくらかかったか忘れたが、大金だったことは確かである。東京中でも一、二を争う清潔なトイレが出来上がった。(本田宗一郎著『得手に帆あげて』より)

ンリイがＮＳＵにそっくりなのにくらべれば、Ｅ型に代わる新型はフルチェンジとは言いながらも、やはりホンダの設計者たちの明らかなドイツ志向を示していた。

新しい２５０ccエンジンの開発にあたって、技術者たちはＮＳＵのマックスを見続けていた。特にこの車のカム駆動の方式は熱い注目の的だった。傘歯車《ベベルギア》を使うこの方法は確実な作動を保証していたからであり、技術者たちは、到着して稼働しはじめた最新式の工作機械を使いこなせるようになった今なら、ＮＳＵに負けない精密なギアをつくることが可能なことを確信していたからだ。

傘歯車（ベベルギア）　減速や回転運動を伝えるために用いられる歯車（ギア）は歯数の組み合わせで減速比を決定している。ベベルギアはカムの駆動方法のひとつで、傘状の歯車を用いたもの。

第5章

力を合わせてピンチを乗り越える——宗一郎氏と労働組合——

新築工事中の浜松製作所葵工場（昭和29年2月21日）

ホンダが、前記したように最初にして最大のピンチを迎えたのは、ジュノオの不評と225ccにパワーを上げたドリームのクレーム等だった。これを乗り越えるために5月の連休の延期、残業の延長、他の部門から生産部門への応援、といった緊急体制をとったわけだが、こういった経営者側の申し入れを全面的に受け入れて、対策に力を合わせた組合側の対応がなかったとしたら、ホンダの基盤は昭和29年のこのときに大きく揺らいでいたに違いない。それは、なにかといえば“労働強化だ”、と騒ぎ立て、すぐにストライキに入るような間違いだらけの労組には、とても出来ないと思われるほどの対応だった。

日本重量車の雄、メグロのメーカー、目黒製作所のことをぼくはいつでも思い出してしまうのだ。それは目黒製作所の場合は、2年以上にわたる赤旗の林立と、断続する労組側のストライキによって会社が疲れきって、やがて消えていったことを思い出すからなのだ。

ホンダとメグロでは違う、という人もいるかもしれない。ホンダは次から次へと新しい製品を展開して急成長してきた。メグロはそういった動きに対して保守的な実用車づくりに専念してきた。その結果がメグロの消滅につながった、ということになるかもしれないし、目黒製作所が栃木県の烏山にまで工場をつくり、

目黒製作所は1924年、東京府荏原郡大崎町桐が谷に創設された。英国車を範とした大型車を生産し白バイや官庁用の車両として使用されていた。後にカワサキが吸収し、そのエンジンはカワサキW1シリーズとなる。写真のモデルはメグロZ97。

加えて神奈川県綱島に建設した新鋭工場などに対する設備投資が原因になった、といえるかもしれない。

だが、そうだとしても状況は五十歩百歩である。ホンダの場合は浜松から東京近辺に工場を集中させて効率の向上を図《はか》った。そして社員には〝うんと働いて豊かな生活を手にしよう〟と呼びかけていた。

働く者にとって〝豊かな生活〟というものは、なんといっても最高の目標である。一時の賃上げを狙ってストライキをうったのでは、自分で自分の首を絞めることにもなりかねない。それを正しく認識している人が、ホンダの労組結成にあたって、その中心にいたということが、ホンダとメグロの大きな違いだったといえるのではないだろうか。

ホンダの労組は、ホンダが最大の危機に直面した昭和29年より前の、昭和28年に埼玉製作所・白子工場で結成された。

このとき、それに立ち会ったのは宗一郎氏ではなく藤沢氏だった。組合結成の中心だった人たちは、よそから来た支援団体を外に出したという。

それまでの段階においては、外部の力を借りて結成しよう、という動きもあったが、それに対して自主独立した健全な組合をつくるべきだ、とする主張が勝っての結成だった。

あのころ、どれだけ多くの会社が労働争議でつぶれただろう、と思いだす。なにかがあれば〝支援〟という名のもとに〝筋金入りの人たち〟が乗りこんできたのだから……。


労組をつくるにあたってホンダの人たちは「バラバラだった給与体系をキチンとしてほしい」と要求した。そして、そのほかの要求の中に「オヤジが社員をひっぱたくことの中止を要求する」という一項があったというのが面白い。

山下工場のころからオヤジのその癖は、かくれもなかった。本人にすれば憎らしくて殴るのではないのである。

自分の頭の中で考えていることを口で説明して、それを理解しない相手にはつい手が出てしまうのであった。それは「俺がわかることがどうしてわからないのだ！」という苛立ちがさせるものだった。だが、やられるほうにとって殴られるということは屈辱的だ。

ましてそれが口ごたえ出来ない社長から、ということになれば滅入ってしまうのは当たり前である。


工場で、工夫のない作業やミスを誘いやすい作業をしている者がいると、つい手が出てポカリとやったりする。「何をする。ことと次第によっては、社長でも許さん」という者もいる。こちらはたちまち反省しているから「しまった、悪いことをした」という顔をしている。「おお、すまなんだ。だが、お前のその作り方はよくないぞ」といえば、ああ、そうですね、と納得してくれる。（本田宗一郎著『私の手が語る』より）

山下工場のころのことをこう話す人がいた。

「私なんか下っ端だからやられなかったけれど、河島さんなんかよくやられたんじゃないですか。人間には殴りやすい奴と殴りにくい奴がいる。不思議に殴られない人もいたんです。さしずめ、河島さんは殴りやすいタイプだったのかもしれませんね。だから殴られやすい人は馴れちゃって『ほら、来そうだぞ！』って思うと、いつでも逃げられる体勢をとったんだと聞きました。

ずっとあとで浜製（浜松製作所）に行ったときは面白かったですよ。オヤジは視察に来ても絶対にまっすぐに役員室へは行かないのです。どこに行くかといえば、まず完検（完成検査部）です。そこへ行けば完成と再組立てを要するものがひと目でわかりますから。

それで再組立てが多いと怒るんですよね。１００％ＯＫということはない、いつ来てもそれはあるわけです。１００台のうち再組立てが2台か3台でもオヤジは不満で怒ったろうと思いますが、それを察して〝危ない〟と思うと宗一郎氏の近くにいた人たちがうしろに下がるわけです。

オヤジはそういうときに追いかけますから、しまいにはみんなが一団になって逃げ回り、それをオヤジが追いかける、ということになるんですよ。

〝完検〟の中をグルグルグルグル逃げまわる……柱がありましてね、そうした

浜松製作所では主にオートバイと汎用エンジンを生産していた。工場の一角には「アイデア室」があり、日夜そこでは新しいアイデアが発表されたという。

ら突然オヤジが逆に走り出したんですわ。逃げてる先頭とバッタリですよ。それで『このヤロー!』でポカンです。全くそういうときは両方とも子どもみたいで、殴られた人も笑うし、みんなも大笑いしました。

埼玉のころは人数も少ないし、入ったばかりでオヤジの癖《くせ》だってことを知らない人もいる。そういう人は驚くわけですよ。人権侵害だなんて騒がれなかったのが不思議なくらいです。

おまけに、宗一郎氏が『お前なんか辞めちゃえ!』ってやるから、まじめに考える人は本当に辞めちゃいますよね。なんていったって社長からそんなことを言われるんですから。

そんなことがあったくらいだから、組合が『殴るのをやめてほしい』って申し入れたのはわかるような気がしますね」

当の本田宗一郎氏は〝殴ることをやめてほしい〟という項目があったと知ってガックリきたらしいが、何よりも組合がいわゆる急進的な赤を排除して自主的な組合をめざす、と知って安心したのは何よりのことであった。

ヨーロッパの視察から帰国した宗一郎氏は、前にも増して研究に熱中した。海の向こうで見たオートバイは、信じられないほどのパワーを持っていた。輸出振興とそれによる立国……国の経済再建に寄与することを真っ先に掲げた宗一郎氏にとって、ホンダのオートバイの性能を上げることは、他の何よりも優先させて実行しなければならないことだった。

それはヨーロッパ遠征から帰った大村美樹雄選手の報告によって、いっそう強められていたことは〝マン島出場宣言〟の中にも表明されている。

ブラジルから、サンパウロ400年祭を記念するレースをやるから日本も参加してほしい、と招待されても、そのレースというものがどういうものなのか、わからない時代だった。それは宗一郎氏も同じだったことは〝150ccのドリームE型で行け〟と言ったことでも推察できる。

事実、サンパウロに行ったのはドリームE型の回転を上げるために125ccにしたエンジンを特別製フレームに積んだマシンだった。この辺りのことをもう少し詳しく説明しよう。

今の人なら「特別製フレーム」と聞けば素晴らしいフレームを想像するだろうが、ご承知のようにドリームE型のフレームはプレスのチャンネルフレームで重量的に不利である。そのため、パイプを組み合わせたフレームにガーターフォークという、いうならば強化自転車のようなフレームをつくったのだった。

しかも、半《なか》ばパレードか草レースくらいと思っていたというのに、走るところはカーブもあり、登り下りもある1周6キロの本格的なコースだった。そのうえ、ドリームE型は2速ミッション。3速も出来てはいたものの未完成だったために、大村選手はこの2速のドリームE型で国際サーキットを走ることになった。

一緒に走るマシンたちはいずれもマン島などを走ったバリバリのマシンだから、いちばん驚いたのは大村選手、そして次には外国の選手だったに違いない。にもかかわらず13位で完走したのは、大村選手が2速を使って慎重に周回したからだが、ともかく完走したことは、エンジンのタフネスを証明したことになるわけである。それにしても「いやぁ、驚きました」で始まったであろう大村選手の報告を聞いて宗一郎氏がどんな顔をしたのかは想像するだけでも興味のあることであろう。

全日本選抜優良軽オートバイ・ツーリストトロフィレース（通称名古屋TT）は昭和28年3月21日午前7時から午後6時までの日程（雨天決行）で催された。全コースは145・5マイル（約233㎞）を150cc以下の国産二輪車で競った。当時の資料によれば、出走参加料は、一社につき5万円（出走車は3台以内）。（『第1回TOURIST TROHY RACE』名古屋タイムズ社　昭和28年10月1日発行より）

昭和28年3月の、全日本選抜優良軽オートバイ旅行賞大パレード（名古屋TT）に出場した時には、3台1チームの完走した3台のタイムを合計してチーム優勝を決めるというルールによるこのレースで、チーム優勝を獲得したホンダは、同時に出場車の中で最も人気のある車として評判を高めた。

これは当然、その後の販売実績につながるものになるために、ホンダはこの種のイベントに力を入れるようになる。

名古屋TTの4ヵ月後に行なわれた〝富士登山オートレース〟にも、ホンダはもちろん出場している。ただしこのレースは、名古屋TTが国産車の耐久性向上を最大の目的にしていたのとは対照的に、〝レースを行なうことによって、それを観戦しにくる人たち〟を狙うものだった。それにしても出場するほうが、出るからには勝ちたい、というのは人情で熱戦が展開されることになる。

コースは静岡県富士宮市にある浅間《せんげん》神社をスタートして、富士山表口の2合目の少し下までの27キロだった。コースは当然のことだが登りばかりで、最もきついところでの傾斜は15度近くもあり、しかも全コースは火山礫の砂利ばかりで、スタートからゴール地点の標高差は実に1450メートルもあった。つまり、はやくいえば富士山の1/3を軽オートバイでいかに速く駆け登るか、といったレースだったのである。

このレースのルールを原文のまま紹介すると次のようなものである。

「(一) 国産軽二輪車にして、衝程機関に在りては一五〇cc以下、二衝程機関に在りては九〇cc以下とする。尚、該車輛は届出証を有する車輛となること。

TTレースに向けてのレース専用車第1号機。ドリームSAをベースにSAZを開発。TTレースを念頭におき、富士登山レースと浅間高原レースに出場した。エンジンはE型をベースにしたもので、最高速は時速150kmを記録した。(「ホンダの友」1955年4月発行より)

(二)出場選手は運転免許を有するものに限る。
(三)車輌は実用標準車にして改造車でない事。」

平たく訳せば、出場するのは軽二輪だけ、４ストロークは１５０cc以下、２ストロークは90cc以下。ちゃんとナンバーをつけたもので、運転者は免許証を持っていなければダメ。そして実際に売られている状態のままで、いっさい手を加えられていない車に限る、ということなのだ。

４ストロークと２ストロークの排気量に差があるのは、２ストロークが毎回爆発であるのに対して４ストロークは１回置きの爆発、したがって２ストロークのほうが歩《ぶ》がいいはず、という理屈で４ストロークは２ストロークの１５０％で同格、という当時の区分にしたがったからである。ついでに言えば(二)にある「運転免許証を有するもの……」という項目は、名古屋ＴＴレースでの山下護祐少年のように免許取得年令にも達しない天才少年が出場することを防ぐ目的があったと思われるが、名古屋ＴＴと違って富士登山レースのコースは〃はるかに公道としての意味は少ないのでは〃と思われる。しかし少年には負けたくないし、事故でもあったときのことを考えるのはいつになっても主催者は同じである。

7月12日に行なわれたこのレースは99台がスタートして完走したのは78台もあ

山下護祐(１９４１年生まれ)幼少の頃よりレースに出場し、天才と呼ばれた。彼の父が経営する山下工作所でパール号を製作し、名古屋ＴＴレースにパール号で出場し、完走している。『第１回TOURIST TROPHY RACE』名古屋タイムズ社発行より)

った。これは出場車が市販されている実用車に限られたためだろう。もし改造を許されていたとしたら、リタイアはもっと多くなっていたはずである。

　翌年の第2回の富士登山レースは、軽オートバイの枠が4ストロークは250cc以下、2ストロークは150cc以下とひろげられたこと、さらに富士登山レースに勝てば、そのオートバイの売行きがぐんと伸びることから、メーカーが本腰を入れ始めたことが、第1回と大きく異なる。そして、新しく90cc以下の原動機付き自転車の部が設《もう》けられた。


　第3回は昭和30年に行なわれた。いずれも7月の第2日曜日に行なわれたが、この年は再び法規が改正されて4ストロークも2ストロークも250cc以下の部、と125cc以下の部とされたために各メーカーとも色めきたって出場した。

　この第3回の富士登山レースには、発足してまだ1週間しか経っていないヤマハが、その第1号であるYA－1で125ccの部に出場してベタ勝ちするのだが、ホンダは250ccに猛烈な闘志をみせた。

　それはヤマハが第1号車を出場させる、ということにもよるが、こちらも発売早々の単気筒250ccのSAを大挙出場させたのである。ドリームSAはOHCを搭載した最初の量産車だったから必勝を期するホンダの意気込みは当たり前と

ホンダドリームSA（1955年）　空冷4ストローク単気筒OHC排気量246cc。ホンダ初のSOHCエンジン搭載車。10.5馬力というクラストップの出力を誇る新型エンジンに、フレームもチャンネルフレームからプレス鋼板のバックボーンになった。第3回富士登山レースでは250ccクラスで優勝を果たした。

いえば当たり前だった。

ホンダがOHVからOHCに転換したのはいうまでもなく高回転時の有利を狙ったもので、開発にあたってドイツのNSUを手本としたことは確かなことだろう。NSUのOHCは当時最高といわれていたからだが、ホンダがどうしても出来なかったことはNSUのギアとロッドによるカム駆動だった。

それは100％コピーは如何《いかが》、ということよりも当時のギアの切削技術に、まだ自信がなかったから、といった方が正しいだろう。

そのためにドリームSAはチェーンによるカム駆動を採用していたのである。

第3回のホンダの意気込みは、1ヵ月も前から現地入りして練習に励んでいたことでも、うかがうことが出来る。そのころのことを憶えている現地の人は、そのときのことをこう話してくれた。

「いやぁ、面白かった。10人くらい来てたかなぁ。いちばん威勢のいいのが社長だと聞いてびっくりしたもんだ。もの凄くやってると思うと、全員が昼過ぎても出て来ないときもあったな。あとで聞いたら社長が芸者たちを連れて来てな、昼飯のときに踊らせたてな、そのうち調子が出てきて〝おい、みんなも踊れや〟っていうわけで〝昼休みは延長だぁ〟とやったと聞いたよ。面白い会社だな、と思ったわね」

河島氏ももちろん現地に来ていた。宗一郎氏も河島氏も若いさかりだったから、よく働き、よく遊んだらしい。宗一郎氏が夜に出て行けば河島氏も出て行く、という案配だったそうだ。ふたりとも外車なもので、どこへ行ったのかはすぐにわかってしまうのであった。

「でも、あの人たちは自分たちだけで遊ぶっていうことはなかったんですよ。昼休みに芸者を連れて来て躍らせたことだって、そりゃあ朝帰りの照れ臭さ、といったこともあるでしょうが、普通なら社長なんだからそんなことをして気を遣わなくたってすむのですから。そうしたら、そのうち夜の町まで連れて行ってくれました。

みんな車に乗れって言うんで、河島さんの車に乗りました。一軒に一人ずつ降ろすんです。おカネ持ってないっていうと〝安心しろ、俺が払ってやる。そのかわり明日の朝、俺が迎えに来るまでいるんだぞ〟って言われました。若いもんにカネ持たせると、プロの言うままに全部使っちゃう、と思ってくれていたんでしょうね。ええ、もちろん、朝には迎えに来てくれました。忘れられませんね」

1ヵ月も合宿していれば、いい加減いやにもなる。働くときはうんと働いて、

遊びというのは、大切なものである。遊びのへたな人間は人にも好かれないし、商売もできない。またとない時間を、その場にいる人たちとみんなで、より楽しく、よりほがらかに、共感の笑いとともにすごさずして何の遊びだろう。「ああ、よくモテたな。今夜も楽しかった」という満足があれば、仕事にも精が出るというものである。(本田宗一郎著『私の手が語る』より)

遊ぶときはパッと遊んで、それで気分をかえよう、というのは宗一郎氏一流の考えだった。それにしても夜の遊びを社長がやらせるなんて、そんな結構な会社はそのころだってあるわけではない。メカニックもライダーもこれでは張り切るのは当たり前である。しかし、こんな思いきったストレス発散は一回だけだったそうだ。〝あとは自分の才覚でやれ〟ということで、せいぜい一杯ひっかけに出るくらいだった。そしてそんなとき、町の中で宗一郎氏にばったり会うこともあった。

宗一郎氏は若いもんの肩をポンと叩いてこう言ったそうである。

「お前さんたち、俺から給料を持ってっちゃうんだから、たまには俺におごってくれよ」

そして若いもんに誘われるまま、〝赤のれん〟をくぐって一緒に飲んだという。

「そんなオヤジに惚れてましたねぇ」と、そのときの人は話す。

その会があったのか、そうではないのだろうが第3回の富士登山レースでホンダの新鋭車、ドリームSAは1位と2位を独占する。

昭和30（1955）年　第1回浅間高原レースにて出走前のヤマハチーム。マシンは「赤トンボ」と呼ばれたYA-1。125ccクラスでは1位から4位を獲得した。YA-1にまたがるライダーの一番左は望月 修、左から二番目が野口種晴。

第6章

浅間高原レースへ――ヤマハとの熱戦――

浅間レースにおいて、ヤマハのレーサーたち

1955年、第1回浅間高原レースのスタート風景。ライラック、みずほ、ホダカなどの数々のオートバイメーカーが熾烈な争いを繰り広げた。

軽井沢部落
24

その年の11月には浅間高原レースが開催された。こちらのほうは国産車の性能向上が目的だった。名古屋TTレースが1回だけで終わったのは、警備側が公道でのレースに難色を示したからだった。それはそうだろう、踏切で一旦停車をしなかったり、バスを強引に追い越す、というようなことがあったのだから。

そのために浅間高原に場所が移ったのだが、最初の一周40キロのコースは結局19・2キロになった。これは峰の茶屋を境にして、長野・群馬両県にまたがる壮大なコース、つまり完全に〝ひと山越える〟コースを想定していたのに、長野県警が拒否の姿勢を示したためで、やむを得ず群馬県側だけを使うことになったのである。

群馬県側も公道閉鎖には難色を示した。それは結局、二級国道を最小限に使うことで決着した。北軽井沢から現在の国道146号線を一部走るほかは、町村道を走ることになった。二級国道でさえ未舗装なのだから、それを一歩はずれた町村道というのは想像以上の〝酷道〟だった。

ちなみに貴重な資料だからコースの概略を記してみよう。

第1区間の北軽井沢牧場入口の2・6キロは、全コースのうちでいちばん走りやすいために、全車が最高速度を発揮することが出来た。この区間では、そのた

道路は未舗装で、コースの路面にはごつごつした火山礫があり溶岩が転がる、まさに耐久性や技術が求められる公道レースだった。

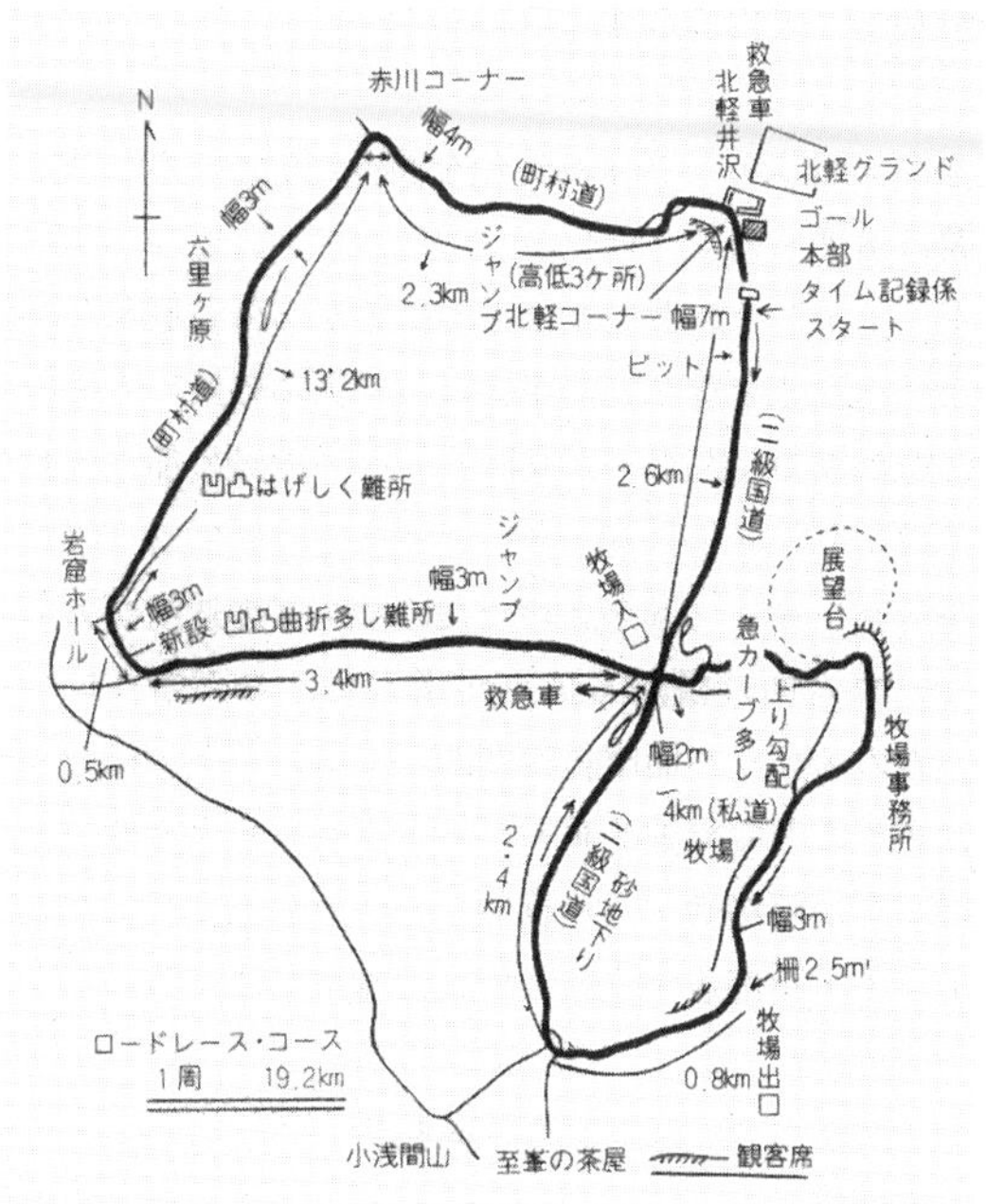

浅間高原レースのコース図。1周19.2㎞のコースを右回りする。

レースの模様。浅間のレースはマシンの耐久性を向上させるだけでなく、数々のライダーを育てた。

めの追い越しなどは見られず、また転倒などもなかった。

第2区間の牧場入口から出口までの4キロは、入口からは勾配7度の登りで、見通しのきかないカーブが連続するために、エンジンの機嫌が悪くなったり、カーブで転倒したり、またはコーナーでのシフトミスでコースアウトする車などが続出して〝魔のコース〟と呼ばれた。

ここを通過すると牧場出口から県境までの第3区間になるのだが、区間距離は0・8キロと短いものの、溶岩がごろごろして火山礫とまじった下り坂なために、ハンドルをとられて転倒するライダーが続出した。まさに一難去ってまた一難、といったところである。

第4区間の県境から牧場入口交差点の間の2・4キロはアップダウンの続く、くねくねと曲がった道で、両側には岩石が露出していて、転倒すれば怪我《けが》は間違いなしの危険な場所だった。

第5区間の交差点から岩窟ホールまでは、直線に近い3・9キロはスピードにのる区間でもあるが、ところどころに火山礫の深い場所があり、しかも岩窟ホールの0・5キロ手前の九十九折《つづらお》れは、飛ばしてくるだけにクリアが難しく、転倒が続出した。

第6区間の岩窟ホールと赤間川の3・2キロと、ラストの赤川・北軽井沢間

2・3キロは、ライダーとマシンにここに来るまでの試練を与えた。下はザクザク、道は狭い、といった最悪の路面だった。

つまり、現在のＲ１４６を使うのは6キロにすぎず、あとは全て地道を使ったのである。それも、これらの道を使う車が極端に少なくなる11月に入ってから、という条件付きでやっと開催にこぎつけられたのである。


11月5日、午前8時30分を期して道路の閉鎖が行なわれた。警察はもちろんのこと、地元の人たちが総出でコース上の要所々々に立った。手には赤と白の旗を持つだけだったが、コース上の7つのポイントと北軽井沢の審判所とは携帯無線で連絡が行なわれた。

第1レースは２５０ccライト級で、出走は27台。そのうちドリームＳＡは5台だった。

8時50分、花火が打ち上げられて、全車がスタート地点に集合し、9時のスタートを待った。スタートは2台同時スタートで30秒間隔だった。

さて、19・2キロの酷悪非道。走るレースは1周目で早くも4台が脱落、2周目には3台、3周目に1台、4周目には1台……と、次々にリタイアして、結局

谷口尚己（１９３６年生まれ）
１９５５年第１回浅間高原レース２５０ccクラスで谷口は２位を獲得した。１９５２年にホンダに入社している。

伊藤史朗（1939年生まれ）　第1回浅間高原レース250ccクラスにライラックで優勝した伊藤史朗。伊藤は後にヤマハのワークスライダーとなり、数々のレースに出場した。

ゴールインした車は27台のうち12台しかいなかった。この数字を見ても第1回浅間高原レースが、いかに厳しい〝サバイバルレース〟だったのかがわかる。

サンパウロに遠征した大村美樹雄はホンダのエーススライダーとして注目されていたが、4周目の牧場入口からエンジン不調となり、赤川ポイントまでなんとか走って来たものの、ここでリタイア。

他の4台のうち2台はひとかたまりになってトップ集団を形成したが、あまりに飛ばし過ぎたせいでゴールまであと数キロのところでエンジンが死んでしまって、1台があえなくリタイア。

そのうしろについていた谷口尚己選手は2位でゴール。残る2台のドリームSAは6位と10位で完走した。

優勝は全く無名の16歳のライダー、伊藤史朗だった。彼は夜な夜な第2京浜を猛スピードで飛ばしているのをライラックの代理店の主人に認められて、ライラックに乗ることになったもので、レースの経験は浅間がもちろん初めてだった。そこで早くも天才の片鱗《へんりん》をみせたデビューレースであった。

12台完走の内訳は、ライラック3台中1台、ドリーム5台中3台、ポインター2台中1台（3位）、モナーク2台とも完走（4位と7位）、DSK2台完走（5位と11位）、パール1台（8位）、ツバサ1台（9位）、サンヨー3台中1台（12位）。

完走出来なかったのはミシマ2台、ホスク2台、アサヒ2台、昌和クルーザー1台、ドリーム2台、サンヨー2台、ライラック2台、ポインター1台、ツバサ1台、の15台だった。

ドリームのエース、大村美樹雄選手はひん曲がったハンドルを抜いて叩いて直しながらの力走。11位に入ったDSKの井上武蔵選手は岩窟ホール・赤川間の悪路でDSKから投げ出されて、立木に胸をぶつけ、5周目に入る手前で右後のサスペンションが落ちたにもかかわらず〝片持ちサス〟のDSKをだましだまし走ってゴールインしたが、そのときドライブシャフトはねじ切れる寸前だった。

6位に入ったドリームの中村武夫選手の場合は2周目でアクセルワイヤーが抜けてしまい、右手でワイヤーを引っ張りながらピットイン。修理し終わって再スタートしたときは6位から19位に落ちていたが、残りの3周で13台を引いてゴールしたもので、その追い上げは後々まで語り草となった。

このレースは〝ヨーイドン！〟で始まり、ストップウォッチで周回タイムを測っては記入というものだったために、選手から「史朗より俺のほうが速かった」というクレームがついたが、もちろんそれは認められなかった。ただし、そのクレームは2位の谷口選手から出されたものではないことを、同選手のために書き加えておこう。

第1回浅間高原レースにおいて車検場で打ち合わせをするヤマハチーム。

午後1時半は、125ccウルトラライト級の出走で27台が揃った。ホンダは7月の富士登山レースにエントリーしたものの、ルールで定めた日までにナンバーがおりなかったために出場出来なかったベンリイを5台を出走させた。

これに対して富士登山レースで勝ったヤマハは、YA－1を同じく5台出場させた。

ホンダとヤマハのライバル意識はこのときからはじまった。ヤマハは富士登山レースのときに練習中からコースの要所々々にトランシーバーを持った偵察員を張りつけて、他のチームの動きをキャッチして作戦を練った。これが大成功だったことから浅間にもトランシーバー部隊を連れて行った。

各チームとも9月に入ると現地入りして練習を開始したが、ホンダが北軽井沢の中心に近いところにベースキャンプを持ったのを知ると、ヤマハは北軽井沢から浅間牧場に至る国道に面した〝養狐園〟をベースキャンプにした。

養狐園は当日のコースのすぐ横にあるから、ここを練習に走る他のチームの状態を見るのには絶好の場所だった。よそのチームを見るのはいいが、自分たちの練習を見られてはごめん…というわけで、ヤマハの練習は他の2チームがまだ寝ている夜明けに行なわれた。

練習が激しければ部品もいかれる。ヤマハが浜松に部品を頼んだり、練習のタイムを報告する電話は、どういうわけかライバルチームに筒抜けだった。それがわかったあと、ヤマハは電話で〝ニセの報告〟をすることにしたらしい。

本当の報告は速達で行ない、緊急の連絡はドイツ語を暗号にして使った。これが今でもヤマハが言う〝養狐園の情報戦〟だったのである。

レースのほうはヤマハが1位ら4位まで独占。野口種晴選手だけがリタイアした。

ベンリイは9、10、14、20、21位、と4台が完走してチーム賞を獲得したが、これは14位に入った高橋邦義選手のおかげだった。高橋選手は最後の周回、赤川でエンジン故障に見舞われて、それまで2位だったために、もうダメかと思われたが、残りの2・3キロをエンジンの止まったベンリイを押して進んだのである。ゴールに入った途端に昏倒して医師の手当てをうけたのだが、この〝根性〟がなかったら、ホンダのチーム賞はあり得なかったのだ。

チーム賞は獲得したものの、ベンリイはYA－1の前に完全に敗れ去った。それだけでなくスズキは5位から7位に入り、8位にはなんとベビーライラックが入ったのだ。

それはこうした悪路でのレースでは車が軽いほうが有利、ということを教えるものだった。そしてエンジン自体が軽く、吹き上がりの良い2ストロークの有利さを教えるものだった。

2日目のレースは350ccのジュニア級と、500ccのセニア級の混合レースだった。

ジュニア級にホンダはドリームSBを4台出走させた。他は陸王2台、エーブ2台、キャブトン2台、昌和2台、といったメンバーだった。

セニア級にホンダはドリームSBを382ccにしたドリームSCを2台走らせる。あとはDSKが2台、メグロ5台、ホスク1台、キャブトン4台の合計14台である。

スタートはやはり30秒おき2台ずつで行なわれた。午前9時55分、まずはセニア級がスタート、9時59分にはジュニア級の一番手が走り出した。

セニア級ではホンダの鈴木淳三選手が2周目でトップに立ち、その後7周までトップを守り続けて優勝するが、その後のジュニア級は、ホンダ勢のセニア級にまじって力走を展開した。ジュニア級ではドリームSBは断然速かった。1位から3位を独占、5位にはあの鈴木義一選手が入った。

ジュニア級は出走12台中、リタイアは3台だったが、その中の1台はエーブ

第1回浅間高原レースにおいて、ホンダは350ccと500ccクラスで優勝。しかし、セールスにつながる小排気量クラスでは勝つことが出来なかった。

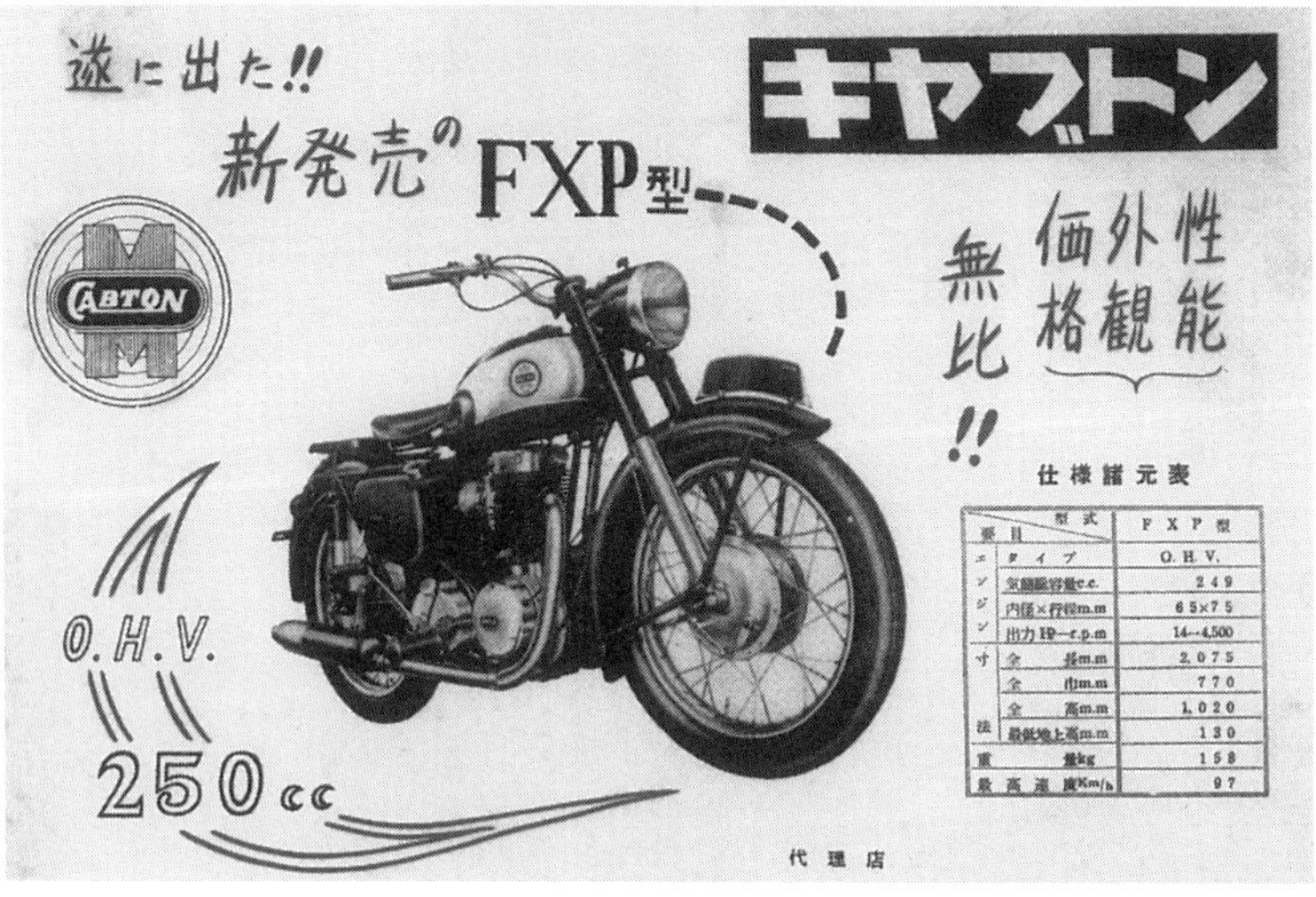

遂に出た!!
新発売のFXP型
キャブトン
性能 外観 価格
無比!!
CABTON
O.H.V.
250cc
仕様諸元表
型式 要目 FXP型
エンジン タイプ O.H.V.
気筒総容量c.c. 249
内径×行程m.m 65×75
出力 HP—r.p.m 14—4,500
寸法 全長m.m 2,075
全巾m.m 770
全高m.m 1,020
最低地上高m.m 130
重量kg 158
最高速度Km/h 97
代理店

当時のライバルだったみづほ自動車製作所のキャブトンの広告では高性能さが強調されている。

で、ライダーは竹内正彦選手。彼の場合は、7周目の牧場出口を出たあとのザクザクの下り道で転倒して気絶してしまったのである。

重量級はホンダの圧勝だった、といえる。それは他のチームには悪いのだが、とりもなおさずOHCの圧勝だったともいうことが出来る。とはいっても、公道を使うレースのためにタイムの公表はまかりならんということがあって、タイムは公表されていないが、125ccウルトラライト級と250ccライト級のタイムはほぼ同タイム、500ccセニア級の場合は350ccジュニア級より遅く、全クラス中ではジュニア級でドリームSB350に乗った大村美樹雄選手のタイムがいちばん速かった。

リタイアがいちばん多かったのは、ライト級でこれはホンダドリームSAが最初から飛ばしたのが原因だ、というのがもっぱらの評判だった。それにつられて走った車が多かったために、リタイアが続出したのは確かだった。だがクラスは違う、といってもホンダもヤマハも勝利を分け合った。ヤマハはまだ125ccのYA－1しか作っていなかったから〝圧勝した〟と言い、ホンダはヤマハが出場する機種を持っていないジュニア級で〝圧勝〟し、セニア級でも勝ったから2クラスを獲《と》った、といった。

しかし、レースの成績が販売に及ぼす影響を考えるならホンダは不満足だっ

みづほ自動車製作所のキャプトンは500ccクラスで3位だったが、1位、2位のDSKとメグロには輸入部品が使用されていたことで失格となり、キャプトンは繰り上げ優勝となった。

た。なぜなら350cc以上は絶対的に需要が少なかったから、勝っても売行きがぐーんと伸びるということは望めなかったからで、本心は悔しくて悔しくて仕方がなかったのである。

事実、浅間で勝ったあと、ライラックの売行きは急増し、ヤマハも大人気を博すことになった。特にYA－1の上位独占は印象が強かったらしく、晩秋の高原を次から次へとマルーン（渋い赤色のこと）のYA－1が軽快に走りまわる姿が〝赤トンボ〟というニックネームがつけられ、それがまた人気を呼ぶひとつの要因になった。

岡目八目というかなんというか、勝負は五分五分……といいたいし、どっちもどっち、ともいいたいのだが、ホンダのほうはこのあと、1959年までの浅間レースを「苦い思い出」としてとらえているのは想像以上にクールな受け止め方と思われる。

宗一郎氏も第1回の浅間高原レースを〝勝った〟とは思っていない。特に、最も勝ちたかった125ccと250ccを落としたことがその理由だが、この時はレース運びの失敗を詫《わ》びる河島氏たちを殴ることはせずに、「まぁいいやな。こんなこともあるさ」と笑ったそうである。

雪辱《せつじょく》を期する動きは、もちろんすぐにはじまった。しかもそれは軽量軽快な2

浅間レースの250ccクラス（耐久レース）は、総150kmを完全走行しなければならない。この距離を約一・五時間で走る（編集部注　平均時速約100km）のだからものすごい。日頃鍛錬された体力もさることながら、（略）ありとあらゆる五官機能を結集しての超人的な力走は全く頭が下がる他はない。（「ホンダ社報」1959年発行より）

ストローク車に対してパワーで対抗しよう、とするものだった。その挑戦が結局は浅間高原レースを「苦い思い出」にしてしまうことにつながるのだが、2ストロークを〝まるでエントツのようなエンジン〟と、一度言った以上はそのエンジンに勝たなければならない。それにはパワーでねじ伏せることしかなかったのである。

浅間は本当の意味で国産車が外国製オートバイに近づくための第一歩を印《しる》したレースだった。

キャラメルブロックのタイヤに、ブリッジ付きのアップハンドルで火山礫のコースをアクセル全開で走った勇者たちがいなかったとしたら、現在の国産車はあり得ないのも確かなことなのである。昭和30年、1955年。その3年前の1952年には、外国製オートバイとスクーターの輸入を抑制してほしい、という動きがメーカー側から起こり、政府もこれを支持した。方法としては関税を高くすることが実行された。

資源の乏しい日本が効率の良い輸出を目指すには、省資源性に優れる二輪車が最適だ、とするメーカー側の発言を国が認めたことは、発言した側を〝ひと安心〟させた。

1952年、トヨペットはまだサイドバルブ。ダットサンは2ドアの醜《みにく》いボデ

初代トヨペットクラウンRS型（1955年）トヨタ自動車工業が純国産乗用車として初めて開発した6人乗りの4ドアセダン。エンジンは水冷直列4気筒・1453cc。ドアは観音開き。

ィに同じくサイドバルブ、いずれも手作り叩き出しのボディをトラックと共通のシャシーに載せたものばかりで、四輪車のほうは早くも外車の攻勢に防戦一方の時代だった。

第1回浅間高原レースの昭和33年には、やっとクラウンが誕生、エンジンもOHVになり、ダットサンはスタイルは一新したものの、まだエンジンはサイドバルブであった。プリンスもやっと52馬力にアップしたところ、と思い出せば、四輪車の進歩の遅れは目立つばかりで、街に外国製乗用車が溢れはじめたのは無理もないことだった。

その一方で二輪車は官民をあげて国産車の育成に全力を注いでいた。サイドバルブなどというエンジンは、二輪車の世界ではもう過去のものだった。OHVどころかOHCが完成し、酷使に耐えることも証明されていた。

「こんなこともあるさ」と笑った宗一郎氏は、実はもっと先の先まで見ていたようである。

それはいうまでもなくマン島だった。マン島に出かけて行く前の勉強として浅間を見ていたのである。「行くぞ!」と宣言してからそれは片時も頭を離れなかったはずである。

そしてそれは、とにもかくにもパワーを上げることに集約された。さもなければ

ダットサン110型(1955年) まったく新しいダットサン車として設計された4ドアセダン。それまで乗用車用ボディは外注だったが、初めて内製に転換した第1号車であった。

ばザクザクの浅間にパワーで挑むわけはないのである。

宗一郎氏は、埼玉製作所に航空機関係の技術者を多く招くことにも努めていた。それはこれからのオートバイのエンジンに要求されるものは、航空機用のエンジンのように精密で耐久性に優れたものが必要だ、と考えたからにほかならなかった。

そしてそういう人たちと仕事を終えたあとの風呂場でも、アイデアが浮かぶと指に水をつけて板壁に図を描いてディスカッションをすることもしばしばのことで、それは食事中でも同様に見られたという。

浅間のころ、寒冷地でいまひとつエンジンの掛かりが悪い、という問題が出たとき、宗一郎氏は真冬の浅間に出かけて行ってキャブレターと取り組んだ。常宿は中軽井沢の星野だった。

深夜、星野の玄関を叩く物音に先代の喜助社長が出て、「どなたですか」と問うと、「俺だ、宗一郎だよ。寒くてしょうがないから早く開けて下さいよ」という声があった。

もうとっくに部屋にいると思って玄関の鍵を締めてしまったのだった。

「少しお待ちください」と答えて開けてみたらそこにはもう宗一郎氏の姿がな

「私自信も好きな機械いじりを生涯の仕事にしてきたからこそ、現在があったと思う。経営者時代の私は暇さえあれば、研究所で若い人達と一緒に機械と取り組んでいた。好きなことだから楽しいし、それに自信があった」(『得手に帆あげて』本田宗一郎著より)

かった。夢でも見たような気がして喜助社長が宗一郎氏の部屋へ行ってみると、真っ暗な部屋の中に人の気配がする。部屋に入って電気を点けてみるとコタツの中で何やら動いているので手をかけて開けてみると、そこには懐中電灯を点けてキャブレターを一心にいじっている宗一郎氏の姿があった。

「いやぁ、わるいわるい。寒いし、すぐにいじりたいもんで窓から入ってしまった」と宗一郎氏は言った。

「言って下さればすぐ火を入れますのに……」と言うと、「いや、寒いところじゃないといけないんだ。それに暖かくすると眠くなる。時間が惜しいから……」と笑った。

「それでは後ほど火を持ってきますので……」と引き下がったあと、しばらくして持って行くと、宗一郎氏は火のないコタツの中で丸くなって眠っていた。風邪をひきますよ、と起こしたとたんに本音が出た。

「こんなに遅く、火をおこさせては悪いと思ったのに……」

喜助氏は、「そういう人ですよ、あの人は」とぼくに話してくれた。せっかちで戸を開けてくれるのを待ち切れず、本当はキャブレターをいじるのはすぐに終わったでしょうに、客商売で夜は遅く、朝は早い私どもに余計な世話をやかせないようにと、やさしい嘘をつく人なんですよ、と付け加えた。

このとき本田社長は、この敗戦を率直に認めながら、「当社のオートバイはすべて本田独自の研究、開発から生み出されたものであり、この積みあげた貴重な財産は必ず花が開く時がくる。他のメーカーで先進外国製品のフルコピーに近いものがあるが、当社は絶対に他の模倣はしない。どんなに苦しくとも、自分たちの手で、日本一いや世界一をめざして努力を続けよう」と信念を披露し、改めて、TTレースを含む国際舞台での雪辱を期することとなった。

(『ホンダの歩み』本田技研工業株式会社発行より)

浅間レース特集号　　ホンダ社報　　30. 11. 11

ウルトラ・ライト級（125cc）個人　第1日

着順	車番	氏名	年令	メーカー	車名
1	19	日吉　昇	26	ヤマハ発動機	ヤマハ
2	11	小長谷　茂	24	〃	〃
3	23	望月　修	24	〃	〃
4	15	岡田　輝夫	24	〃	〃
5	8	山下　林作	30	鈴木自動車	コレダ
6	2	鈴木　英夫	19	〃	〃
7	18	神谷　鐵夫	20	〃	〃
8	6	幸田　武夫	23	丸正	ベビーライラック
⑨	20	諏訪部昌志	21	本田技研	ベンリイ
⑩	30	宇田　勝俊	23	〃	〃

チーム

① ホンダチーム
2 丸正チーム
3 ミシマチーム

出場 30台　　完走 21台

ライト級（250cc）個人　第1日

着順	車番	氏名	年令	メーカー	車名
1	72	伊藤　史郎	16	丸正	ライラック
②	69	谷口　尚巳	19	本田技研	ドリーム
3	76	田村　三男	23	新明和	ポインター
4	55	中島　信義	23	モナーク	モナーク
5	60	杉山　義雄	22	大東製機	DSK
⑥	65	中村　武夫	24	本田技研	ドリーム
7	70	大野　英夫	24	モナーク	モナーク
8	73	小沢　正男	24	パール号製造販売	パール
9	63	久保川栄造		ツバサ工業KK	ツバサ
⑩	53	野村　有司	21	本田技研	ドリーム

チーム

1 大東チーム
2 モナークチーム

出場 28台　　完走 12台

セニア級（500cc）個人　第2日

着順	車番	氏名	年令	メーカー	車名
①	52	鈴木　淳三	24	本田技研	ドリーム
2	55	井上　武蔵	35	大東製機	DSK
3	64	杉山　義雄	22	〃	〃
4	60	松川　実	19	目黒	メグロ
5	62	金田　鍛冶		みづほ	キャブトン
6	53	鷲見　敬一		〃	〃
7	56	立原　義次		〃	〃
⑧	58	野村　有司	21	本田技研	ドリーム

チーム

1 大東チーム
2 みづほチーム

出場 15台　　完走 8台

ジュニア級（350cc）個人　第2日

着順	車番	氏名	年令	メーカー	車名
①	7	大村美樹雄	23	本田技研	ドリーム
②	5	佐藤　市郎	26	〃	〃
③	109	中村　武夫	24	〃	〃
4	2	加藤　兼男	25	陸王モーターサイクル	陸王
⑤	11	鈴木　義一	24	本田技研	ドリーム
6	3	直井　源久	32	エーブ自動車	エーブスター
7	6	鈴木　栄一		みづほ	キャブトン
8	1	永井　重男		〃	〃
9	8	武田　実	30	陸王モーターサイクル	陸王

チーム

① ホンダチーム
2 陸王チーム
3 みづほチーム

出場 12台　　完走9台

これを機に大いに反省を

社長談　昨日のライト級とウルトラライト級は惨敗で何も云うことはない。率直に認めて大いに反省しなければならない。

しかし、第二日は前日の苦い体験のおかげで、がっちりしたチームワークもでき、又充分な作戦をたてることができたので選手が安心して走ることができた。とにかく周到な計画をたてなきゃダメだと云うことだね。

ドリームでもベンリイでも時をかせいでいなかったため電装などが悪いのは気がつかなかった。もう少し余裕があったらもっといろいろなことに気がついたのにと残念でならない。

ドリーム（二五〇cc）の敗北は計画とチームワークの欠除だ。これは吾々としても大いに反省しなければいけないが、会社として社会的にも反省することが大切だ。

レースだけでなく今後の問題として、大衆に奉仕する目的を達成するためにあらゆる努力をしなければならない。

これを契機に大いに反省して皆で協力してゆきたい。

第1回浅間高原レースの結果。（「ホンダ社報1955年浅間レース特集号」より）

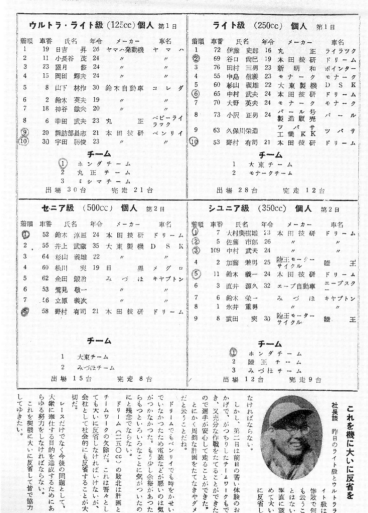

1957年、第2回浅間火山レースにて。本田宗一郎とレース車両。それぞれの車両にはレース用の改造が施されている。第1回の浅間高原レースとは異なり、1.6kmの長いホームストレートでは、全てのマシンにフルスロットル走行が要求される高速レースであった。

第7章

2ストローク対4ストローク——第2回浅間火山レース——

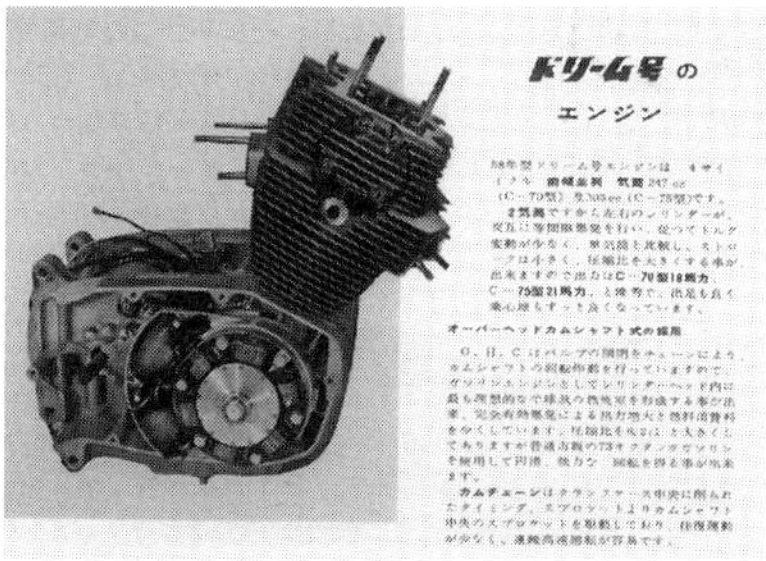

ドリームC70のカタログでは、設計精度の高さを全面に押し出し、それゆえの高性能をアピール。ホンダ初の量産OHC2気筒エンジンであった。

浅間からマン島まで。それは遠く長い道のはじまりだった。

さて、浅間火山レースは昭和30年（1955年）に行なわれて、大きな成果をあげたものの、昭和31年には開催することが出来なかった。

それは、公道を閉鎖してのレースの是非が終了後に問われたことによるものだった。ライダー側からも運営に関する希望が出された。

なにしろ、何から何まで初めてのことだったから、少々の不備はいたしかたなかった。それは走る側も承知したが「俺のほうが速かったのにタイムは下だった」などというクレームには主催者側も参った。ダンゴになって通り抜けるのを猛烈な砂ぼこりの中から見るのだから、計測ミスはどうもあったらしいのである。

それやこれやで結局は〝専用のコース〟をつくって、そこでやりたいということに意見がまとまった。小豆島や淡路島も候補にあがった。こちらのほうは専用コースではなく、島内の道路を使っての耐久レースだった。しかしそれは結局、輸送の便や島内の道が狭く危険であることなどの理由で見送られた。

いま考えるとそれが実現していたなら、それこそ日本の〝マン島ＴＴレース〟になることが出来たかもしれず、残念なことだった。

候補地は小岩井農場にまで至ったが、こちらは北にありすぎて冬の到来が早いこと、有数の酪農地を目指していることもあって、合意を得ることは出来なかった。

小型自動車工業会は再び群馬県に的をしぼった。広大な浅間牧場は昔の面影もなく荒れていたから、それを貸してもらえないだろうか、と考えたのだ。この話が星野温泉の星野喜助氏に持ちこまれたのはたいへんにラッキーなことだった。というのは喜助氏は群馬三名山のひとつ、妙義山の所有者である柴垣はるさんから「妙義山の20万坪を売りたい」という相談を受けて、「売ってしまったら、たちまち観光のケバケバしい山になってしまいます。それよりも群馬県に寄付することをお考えなさい」とすすめ、柴垣さんも山が自然のまま残るほうを望んで、寄付することを選んだので、喜助氏が群馬県庁へ再三足を運んでそれを決めたという経歴を持っていたからだ。

浅間牧場借用の交渉役を喜助氏が引き受けたのはもちろんだった。群馬県からすれば、妙義山の県有化に尽力してくれた喜助氏頼みは、喜助氏が長野県人であっても無下に断るわけにはいかない義理のようなものがあった。

まして借用には〝国産オートバイの性能向上を図り、輸出振興の寄与としたい〟という大義名分があった。群馬県は当面、牧場として復興させるあてのない浅間牧場を貸すことを決定した。規模は群馬県所有分の155万430㎡と、隣接の群馬県嬬恋村所有分の2万9799㎡を合わせた158万2299㎡という広大なものだった。

約160万㎡の土地の借地料は年間60万円、契約は3年ごとの更改の条件だった。小型自動車工業会は通産省から、補助金300万円を措置してもらうことで専用レース場の建設は決定した。

昭和31年6月28日、「自動車のテスト及び耐久ロードレースの実施等に必要な施設を供することにより、自動車の性能向上を図り、もって自動車工業の振興に貢献することを目的とする」社団法人・浅間高原自動車テストコース協会が設立された。そして、その趣旨に賛成するメーカーは、資金を出すことで会員の資格を持つことが出来た。会員になったメーカーは19社で、1口1万円の出資金はそれぞれ会社の規模と前年度の販売台数で分配された。

ちなみに昭和30年(1955年)度生産台数上位各社と、その出資金を記してみよう。

東京発動機・４５２６７台　２０５万円。
本田技研・３８６７１台　２１３万円。
新三菱重工・３０２２４台　なし。
富士重工業・１９５９３台　43万円。
トヨモーター・１０１０４台　１００万円。
みづほ自動車製作所・９９８７台　なし。
新明和工業・９５２９台　78万円。
鈴木自動車・９０９７台　１３０万円。
山口自転車工業・８０９１台　なし。
昌和製作所・７４７５台　95万円。
目黒製作所・７４３５台　95万円。
丸正自動車・７２３７台　78万円。

上位に入っているにもかかわらず、会員になっていない新三菱はスクーターオンリー、山口自転車は実用車オンリーのためにレース出場の必要がなかったからで、みづほ自動車は一応保留だった。

上位に入っていなくても出資したメーカーは次の通りだった。

メグロのレース車両。第2回浅間火山レースにおいて500ccクラスでは1-2位を獲得し、大型車メーカーとしてのメンツを保った。

ヤマハ発動機　85万円。
ヘルス自動車　54万円。
マーチン製作所　48万円。
川崎明発工業　47万円。
ツバサ工業　44万円。
宮田製作所　40万円。
陸王モーターサイクル　31万円。
富士自動車　30万円。
大東精機　23万円。
日本高速機関　21万円。

結局、以上19社が出資した1460万円と通産省からの300万円の計1760万円でコースの建設が行なわれた。

コースは起伏は少ないが、ヘアピンカーブを含む本格的なテクニカルコースとしてつくられた。

のちに〝浅間レース場〟の名で親しまれるこのコースは、全面未舗装のダートだったことは有名だが、これは標高1100メートルの高原であるここが、冬の訪れが早いために舗装工事をするだけの時間がないこともあったが、最大の理由は本格的な舗装工事をするだけの費用がないことだった。

なにしろ酷寒の冬には土が凍ってしまうために、かなり深いところから凍土対策をしなければ舗装はすぐに持ち上がったり割れたりしてしまう。本格的な工事が出来ないから、といって簡易舗装ではひと冬でもたない。それならば未舗装でいこう、ということになりコース表面は場所によって10センチの盛土をしてロードローラーで圧《お》し固めた。

全長9351kmのコースは、昭和32年10月17日から20日まで日本モーターサイクルレース協会が貸切りとする以外は、7月からその目的に沿って解放された。10月17日から20日までの貸切りは、いうまでもなく第2回全日本オートバイ耐久レースのためだ。

解放されたコースは会員の場合、次の料金で使用することが出来た。

二輪車(スクーターを含む)・1台1時間100円。半日330円。1日は550円。

浅間レース場の様子。コースはダートで、選手たちは土埃を巻き上げながらマシンを駆った。

小型三輪車及び四輪車・1台1時間200円。半日660円。1日は1100円。

会員以外は3倍以上の金額を払うことでOKだった。

さて、新しい専用レース場での初めてのビッグイベントは、同年10月19日と20日に開催された通称〝第2回浅間火山レース〟だ。

このレースに参加したメーカーは28社で、2年前の第1回に比べると8社も少ないが、これは第1回をレースとして認識せずに参加したメーカーが早くも脱落したため、とみるべきだろう。したがって参加した28社は、それぞれに勝つための秘策を練って参加した。

前評判はホンダがいちばん良かった。この2年ほどのうちに4ストローク・ファンがうんと増えていた。性能が安定してきたからだが、その反対に2ストロークは依然として宿命的な問題を解決しきれずにいた。2ストロークに乗る人は、ツールの中にワイヤーブラシと鋸刃の先を細く削った〝特殊工具〟を持っていなければならないという問題は、その筆頭だった。

オイルの研究はまだまだで、燃え残った煤《すす》は、ともするとプラグにブリッジを架《か》けてエンジンストールを起こした。〝特殊工具〟は電極の間のカーボンを取り除き、ワイヤーブラシはいうまでもなく、そのあとをさらに綺麗にするためのもので、このふたつは、プラグレンチとともに2ストローク乗りには絶対的必携品だったのである。

目ざとい業者はそれに目をつけて、ポケットの中に入る小さなワイヤーブラシを発明して売り出した。それはワイヤーの部分を、柄を折りたたむことでカバーしてしまう超小型のものだった。そして柄の部分には先の細い、例の〝特殊工具〟さえ収納されていたことを懐かしく思い出す。


このレースも125㏄までのウルトラライト級、250㏄までのライト級、350㏄までのジュニア級、500㏄までのセニア級に分けられて、エントリーが受けつけられた。

参加資格はもちろん国産メーカーだけで、1種目につき1チーム、1型式2台以下、または個人エントリーとされた。参加料は、メーカーチームは1種目2台で2万円。個人は1種目1台で1万円とされた。賞金はセニアとジュニア級が1着7万円、ライト級とウルトラライト級が5万円と決められた。

レギュレーションもかなり細かく定められたが、「酒気を帯びて出場してはならない」という一項目があるあたりは、前回に「いざ出陣!」ということで〝一杯あおってから〟走り出した連中を大いにがっかりさせた。

ホンダとヤマハは、コースがオープンした7月末から北軽井沢に基地を設置した。ホンダは北軽井沢のほぼ中心に、ヤマハは例の養孤園に30坪の整備工場を新しく建てた。ホンダとヤマハが浅間用のレーサーをつくっている、という噂がこのレースの前人気をさらにあおった。

両チームとも、基地が完成すると続々と機材を送りこみ、そのあとからメカニック、ライダーが到着した。

ホンダが社内ライダーで固めたのに対して、ヤマハは新しい方法をとった。全国の販売店に〝速い奴〟を探してくれるように依頼し、推薦されてきたライダーをテストして、本当に速い人に集中的な特訓をさせて、チームを編成して来たのだ。唯一の例外はこの前のレースで優勝した伊藤史朗だけ、という徹底的なチームづくりだったのである。

マシンはといえば、それは両社とも噂通りのマシンを揃えていた。ヤマハは、前回優勝のYA－1を完全にファクトリーレーサーにまで進歩させたYA－AとYA－Bをウルトラライト級に、そしてライト級には全く新しい並列2気筒のYDを登場させ、これに対するホンダはドリームSA／SBの経験をフルに活かしたC80ZもC70ZもスパーギアによるSOHCシングルで、ホンダが高回転高出力を理想とし、その方向へ踏み切ったことを示していた。

昭和30年の第1回では36銘柄が参加した浅間も、2年後には10社28銘柄と、参加するメーカーは減少した。このことは、この2年間のメーカーのせめぎ合いの激しさを象徴している。

開発力や技術力で見劣りするメーカーの製品は、正直そのままに売れなくなっていた。

したがって昭和32年の浅間火山レースは、これに優秀な成績をおさめて基礎を確立しようとするメーカーと、このレースで起死回生を図ろうとするメーカー間での、激しいサバイバル・レースだったといえる。

ホンダとヤマハの戦い、これに加わるスズキ、といった新興メーカーには老舗なにするものぞ、といった気概が満ち溢れていた。そしてそれは日本中を4ストロークファンと2ストロークファンに二分しての大きなイベントだったのである。

ホンダとヤマハは際立った好対照をみせた。それは4ストロークと2ストロークという両極のエンジン以外に、車体やサスペンションでも全く異なる思想をみせていた。

フレームは、ホンダがバックボーンタイプなのに対して、ヤマハはクレードルタイプ。サスペンションは、ホンダがリーディングボトムリンク。ヤマハがテレスコピック、といったものがそれだった。

ホンダが驚いたのは、ヤマハワークスがドルフィンカウルと称するカウリングを装着していることと、ホンダより短く、そしてはるかに下のほうにつけたハンドルだった。いかに圧縮したとはいえ、ザクザクの火山灰の路面の上で、肩幅より狭いほどの短いハンドルがマシンを押さえるのに有効かどうか、ホンダの陣営は疑問さえ抱いた。ドルフィンカウルについてもそうだった。

レーシングモデルではないマシンで、このコースを周回してテストした結果では、最もきついヘアピンでの最低通過速度は500ccで22・5km／h、250ccで18km／h。最初のコーナーでは500ccの進入速度は63km／h、脱出速度62km／h、250ccは進入速度57・5km／h、脱出速度40km／hという数値が出ており、ストレートでも500ccは100km／hプラスが限界に近いとされていたために、それまで外国のレーシングマシンが装着しているを、写真でしか見たことのない多くの一般の人たちを含めて、ヤマハのカウリングは異様にさえ思えたのは当然かもしれなかった。

250ccライトクラスに出場したヤマハYD-A。空冷2ストローク並列2気筒。ドルフィンカウルの採用は、レースに大きな成果をもたらした。

74
65
75
66

66
54
75

レースのほうは、そういった様々な見方に対して冷厳な結果を出していった。

125ccは28台中完走は16台だったが、ヤマハはワン・ツー・フィニッシュを飾り、ホンダは3位、4位にとどまった。

250ccはヤマハが1位から3位までを独占し、このクラスでもホンダはヤマハの後塵《こうじん》を浴びなければならなかった。

意気込みに対しての不振は、ホンダを消沈させた。原因はやはり、2ストローク車の軽量に勝てなかった、ということに尽《つ》きた。

車体重量の差をパワーではね返そうとしたホンダは、サスペンションでもボトムリンクを過信していた。浅間のようなダートでは、ボトムリンクはその利点を全く殺されてしまった。

クッション・ストロークの長いテレスコピックと違って、ホンダのライダーたちは追従性をともすれば失って、跳びはねる前輪を押さえるために格闘を演じなければならなかった。

ヤマハの短いダウンハンドルは、軽い車体を押さえるに十分な計算をされつくしたものだった。そして不恰好に見えたドルフィンカウルは、意外にも前を走るマシンが跳ね上げる砂礫《されき》からライダーを守ることに有効だった。

パワーで勝るホンダはストレートは速かったが、コーナーでは操縦性に勝るヤ

前頁上の写真は、第2回浅間火山レース、250ccライト級の表彰式にて。1位は75番のヤハYDｰA、益子治。2位は65番、同じくヤマハの砂子義一。3位もヤマハ、66番の下良陸夫。4位に74番ホンダC70Zの加藤正男。下の写真では、フロントフォークがボトムリンク式のホンダとは違い、テレスコピック式となっているのが良くわかる。

マハが速く、レース展開はそのままに終始したのである。

終わってみれば、4ストローク車はバルブまわりにまだまだ改善しなければならない問題点を多く残した。2ストローク車の場合は焼付きがやはり最大のネックだった。特に2気筒ではセンターのオイルシールに最も問題があった。ホンダにとってトーハツの活躍もショックだった。実用車専門メーカーのトーハツは、このレースにおいて高い信頼性を実証して、125ccウルトラライト級のチーム賞をさらっていったからであった。

ホンダは350ccでは圧勝した。しかし、このレースの結果は2ストロークファンを熱狂させた。それは〝2ストロークのほうが速い〟ということ、それだけだった。

少なくともヤマハのファンがこのレースの後で著しく増えたことは事実だった。

ただし、ホンダは10000回転以上まわるSOHCエンジンに大きな自信を持った。それは、バルブ周りのトラブルやクランク、コンロッド周りの破損が極めて少なかったことから、大きく強く膨らんだ。

このことは本田宗一郎氏の経験もさることながら、敗戦後全国に散っていった航空機設計と製作にあたっていた人たちを、いち早くホンダに迎え入れたことが

トーハツ125PK（1956年）空冷2ストローク123cc。4500回転時5・5馬力を発生。トーハツ（旧東京発動機）は今も東京都板橋区に本社を持つメーカー。

大きく物を言った、というべきものであった。

浅間火山レースは昭和33年（1958年）には行なわれなかった。それは浅間に出ること、まして勝つためにかかる巨額の費用に各メーカーが驚いたから、という以外にはない。ホンダもヤマハも他のメーカーも、あらためて相見えるのは一年おいた昭和34年(1959年)ということで合意した。

だが、そのことは偉大な副産物を生むことにつながった。浅間のコースを走りたい、と言うアマチュアの声が急速に盛りあがり、それに応えて「月刊モーターサイクリスト」の酒井文人氏の活動がはじまった。全国に数多く結成して、〃日本にアマチュアとしてのモーターサイクル・スポーツを確立し、その正しい普及と発展を図る〃という趣旨で全日本モーターサイクル・クラブが結成された。この組織のもとで1958年8月24日に初の全日本モーターサイクル・クラブマンレースが行なわれたのである。

このクラブマンレースの特長は、メーカーを排除してあくまでアマチュアによるアマチュアのためのレースとして一貫したこととといえる。

全日本モーターサイクル・クラブ連盟〃MCFAJ〃に参加するには、5人以上のクラブをつくればそれでよかった。そのために、前年のレースでは見ることの出来なかったマシンの登場が、このクラブマンレースを華やかなものにした。

酒井文人　1957年モーターサイクル出版社(現・八重洲出版)設立に参画し、取締役社長に就任。「月刊モーターサイクリスト」誌発刊のかたわら、全日本モーターサイクルクラブ連盟を発足。数多くの月刊誌を創刊した。

1958年、第1回モーターサイクルクラブマンレースにて。このレースでは国産車と外国車の熾烈な争いが繰り広げられた。15番はBMW・R69に乗る伊藤史朗、12番はホンダドリーム250の田中健二郎。

17
17
15
15
13

17
15
13

つまり、BSAやBMW、トライアンフなどの外車が多数出場したのである。そして、第1回と第2回の浅間に出場したライダーたちによるエキシビジョンレースが、その上に花を添《そ》えた。伊藤史朗たちの走りが見られる、ということだけで人々は興奮した。

当日は運悪く台風による豪雨で、レース場は最悪のコンディションになった。だが台風の前に、もうひとつの台風が前夜にあった。それは、ホンダ・スピードクラブのマシンの中に明らかにワークスマシンとみられるものがある、という抗議にはじまった。ルールでは〝出場マシンは市販車でなければならない〟という項目があった。それにもかかわらず、その出場を認めるならば出場をとりやめるというクラブが相次いで紛糾したのである。この論争は酒井文人氏の裁定に任された。

酒井氏は、指摘されたマシンが前年度のホンダ・ワークスマシンにそっくりであって、市販されているものではないこと。そして、ここまで改造するのは一般のアマチュアの手では不可能。つまり、ホンダの社内ライダーのクラブに対して、メーカーが何らかの手助けをしたもの、と判定してクラブマンレースへの出場をさせなかった。

そのかわりに、別個にホンダ車だけの模範レースを行なうことで了解をとりつけた。

全コース水びたしの中で行なわれたレースでは、125ccでヤマハYA－1が相変わらず圧勝した。250ccでは、発売直後の神社仏閣型C70が早くも出場して3周、28・153kmを22分25秒4、平均時速74・9kmで勝ち、アドラーがそれに続いて2、3位に入った。

10周、93・61kmで争われる国際レースと呼ばれたエキシビジョンレースには、鈴木義一、秋山邦彦で、マシンはワークスの305cc、5位には立原義次がヤマハYDで入り、伊藤史朗はR69で悪戦苦闘して6位に終わった。

勝敗はともかく、このクラブマンレースはその後の日本のレーシングスポーツの世界に輝かしい足跡を残す人々を輩出した。

ハイスピリッツクラブの高橋国光、オーツキ・ダンディで出場した15歳の生沢徹。このふたりは四輪レース界でも活躍しているし、立原義次はのちにトヨタに所属して鈴鹿を力走した。

ビル・ハントはそのあともクラブマンレースにトライアンフで君臨したのち帰国、1959年、ホンダのマン島TT初出場のときには、現地で通訳兼ガイドとして河島喜好監督に協力し、CB125でマン島を走るなど、ホンダとの縁を保った。


高橋国光（1940年生まれ）東京都小金井出身。1958年第1回クラブマンレース350ccクラスで優勝。1959年の浅間ではBSAで500ccクラスに出場し、BMWの伊藤史朗と大接戦のすえ、惜しくも2位。1960年にはホンダチームのライダーとして参戦。西ドイツGPにおいて、日本人初の優勝を飾った。

初めてのクラブマンレースということで、キャリアをつけたままの乗用モデルも登場したりしたが、いわゆる一般のライダーに与えたことのレースのインパクトは大きかった。

反面、浅間での経験を市販車にフィードバックさせることについては、どのメーカーも懸命だった。巨額な資金を投入するレースは、ヤマハをして「ホンダに追いつくためには最も有効な方法」と言わせたが、同時に「毎年やっていたら会社が潰れてしまう」という本音を吐かせるほど大変なものだった。

それだけの投資をするのだから、早く元をとらなければならない。そのために市販車へのフィードバック、開発、生産が遅れるのは当然だった。

〝浅間レーサー〟のベースとなったのはもちろん市販車だが、ホンダの場合はその逆を行くこともあった。その好例は1957年に出場したC70Zだろう。並列2気筒SOHCの250ccは、浅間で耐久性をテストされたあとで1957年10月1日に発売された……となると〝それはちょっとおかしいではないか〟と思う人も多いだろう。それは当然だ。レースは10月19日、つまりC70の発表よりレースのほうが後だったからだ。

それにもかかわらずC70Zのほうが先につくられた、という理由はおわかりだろう。つまりワークスマシンの開発はレースよりはるか前に開始されている、という常識からなのだ。

ホンダC70Zの開発中に早い時期から市販モデルのC70の開発も並行して進めていた。

それは、ホンダが並列2気筒SOHCエンジンに絶対的な自信を持っていたことの証拠といえる。ホンダは、少しでも早くこのエンジンを載せた新型を市販することで、250クラスの市場占有率を大きくひろげることが出来ると踏んでいた。まずC70を発表する、そして19日後にワークスマシンC70Zを浅間で走らせる。C70Zがヤマハに勝てば、それこそ爆発的な人気をC70が得ることは間違いなかった。

そして、ヤマハに1位2位3位を許したとはいっても、並列2気筒SOHCがそのあと7位までを占めたことは4ストロークファンは、どこまでいっても4ストロークファンだった。彼らにとって2ストロークの音は、あくまでも気に入らなかったかわりに、並列2気筒の音は陶酔《とうすい》に引きこむ快音だったのである。

C70はそのカム駆動をスパーギアではなくチェーンにかえられていたが、これは生産コストを考えれば当然だった。公表されたデータは、7400回転で18馬力。これはライバルのYD－1の6000回転で14・5馬力に比べれば、はるかにパワフルだった。

だが、この車両の思想には共通したものがあった。それは前後16インチの採用でも全く同じであり、バックボーンフレームの採用でも同じだった。ただホンダは大量生産しやすく、しかも工程数が少なく、したがってコストを引き下げられる2ピースのプレスフレームに、スチールパイプを溶接する独特な合成バックボーンフレームをつくり上げていた。

しかし、そのフレームの上に載《の》るボディのデザインは全く方向を別にしていた。ヤマハのＹＤ－１は、日本人の体格に合った〝低くて短い２５０cc〟をめざした。全長は１９３５㎜まで切り詰められたために、ガソリンタンクは15ℓの容量を確保するには上へ伸ばすよりほかはなかった。

深いドイツ車的なフェンダーも特徴的だったが、上に伸びたずんぐりしたタンクはＹＤ－１を最も特長あるものにして、タンクはその形から〝文福茶釜《ぶんぶくちゃがま》〟とか〝鉄カブト〟などと称された。

全体に丸いＹＤ－１に対してＣ70には全体を直面と曲線の連なりで終始させた。世界にも例のない並列2気筒のＳＯＨＣの量産の実現を、本田宗一郎氏は〝日本のエンジン誕生〟として頭の中に位置づけした。そうである以上、今までの概念にとらわれずにホンダ独自のデザインをこの車に与えたかった。それが〝神社仏閣〟として有名な、あの角ばったデザインの根本にある考えだった。

ヤマハＹＤ－１（１９５７年）空冷２ストローク並列２気筒２４７cc。最高出力は６０００回転時14・５馬力。最高速は時速１１５㎞をマーク。

宗一郎氏が京都や奈良で見た神社や仏閣の日本建築特有の〝反り〟と〝張り〟、といった直面と曲線を映したいという考えは、可能な限りC70の上に映された。

ヘッドライトもメーターも角が基調だが、圧巻はフロントフォークの処理だったといえるだろう。伝統的なボトムリンクは、その構造のすべてを箱の中に隠された、といえるほどだった。しかもそれは、プレスされたパーツを巧妙に組み合わせることでコストの削減に大きく貢献することを充分に考慮されていた。

発表当時、C70のデザインは賛否両論に分かれた。醜《みにく》い、とさえ言う人もいた。しかし、日増しに日本中にその台数を増やして行くC70は、日ならずしてそういった極端な批評を消していった。カドのある造形は見馴れてゆくにつれて、それが主張する〝力強さ〟を納得させてゆくものを持っていたのである。

カッコだけでなく、リッターあたり75馬力という世界トップレベルのエンジンの静かさ、スムーズなこと、粘りのあることも4ストロークファンを満足させた。それと何よりも4ストロークはきれいだった。飛び散るオイルのしぶきで汚れることもなかった。オイルリークのないC70のエンジンはハタキをかけるだけでそのきれいさを保てる、というのは事実だった。

C70のデザインが、いかに強烈なインパクトを他のメーカーに与えたかは、そ

ホンダドリームC70（1957年） 空冷4ストローク並列2気筒OHC、247ccのエンジンを搭載し、7400回転時で18馬力を発生した。本田宗一郎が寺社めぐりから考案したデザインはホンダファンから〝神社仏閣〟の愛称で呼ばれている。

の後C70風のデザインが2ストローク車にも続出したことでわかる。あのライラックでさえ、一時はこれを模した。しかし、それらの車こそ醜かった。柳の下にどじょうは2匹いなかったのである。

C70は、そのあと1967年のCIII72まで原型を変えることなく生産された。1958年にはセルモーターをつけたC71が登場して、セルつきオートバイの先陣をきった。

「オートバイにセルなんて……」という人は意外に多かったが、一度C71のセルボタンを押してセルのありがたさを知ってしまうと、キック始動ほどわずらわしいものはない、という人はセル不必要派をすぐに上回った。C71の売行きがグーンと跳ね上がったのは当然である。

昭和34年（1959年）6月、ホンダは5年前のマン島TTレース出場宣言を実行に移す。

思えばホンダの運命を左右するような危機に出された宣言だった、と河島喜好氏はふり返る。山下町から河島氏は、あのときホンダがどのような危機的状態にあったかを知っていた。だからこそ側近の河島氏でさえあの宣言を読んで「オヤジ、大丈夫なのかいな、本気で言っているのだろうか」と考えたのだろう。

僕が河島氏にインタビューをしたときに、「あの宣言が宗一郎氏ではなく藤沢

ホンダドリームC71は、C70にセルモーターを装備したモデルとして投入された。

さんが書いたものとは、ついこの間藤沢さんがご自分の本の中で書かれたのを読むまで知りませんでした」と話してくれた。

ともあれ、半信半疑の河島氏をもっと驚かせることがすぐにやってきた。それは「マン島へ出すレーサーをつくるために第2研究課をつくったから、課長に任命する」という社長じきじきの命令だった。

なにしろレーサーがどういうものか、マン島TTがどういうものなのか全然知らないのである。だから第2研究課の最初の仕事は、宗一郎氏がドサッと持ちこむ向こうの雑誌や新聞でレースとレーサーを知ることだった。

それだけでレーサーをつくれ、というのだ。しかし、ともかくやらなければならなかった。ベースマシンは浅間で走ったC90Zだった。テストコースが完成するまでの間、試作車は狭山近辺を走りまわった。轟音を響かせて疾走するオートバイがある、と評判になったのはこの車だった。

第1回の浅間高原レースのタイムが公表されなかったのは、走った場所が公道だったために、もしタイムを公表したらそのタイムに挑戦するオートバイ乗りが、浅間高原に大勢やってくるだろう。そうならないように……という日本的な考えから非公開に決まった。それにひきかえ、ヨーロッパではオートバイのレースが大人気を集め新聞にも大きく報道され、選手も社会的な尊敬を受けている。

ベンリイC90は単気筒シリーズ、ベンリイJC型の代替モデルとして当時世界的にも珍しかった125cc2気筒エンジンを搭載し、クラストップの動力性能(11・5馬力)を目標に企画された。

その大きな落差を河島氏らは心からうらやましく思った。立派なサーキット、国民的熱狂。そういったものが日本にも生まれるだろうか、という思いが強かったからだ。

全く五里霧中《ごりむちゅう》のマシン開発を大きく前進させたのは、モンディアルのワークスマシンだった。当時、国産車の性能向上を急ぐメーカーに対して〝研究用〟の外国製オートバイは、ほぼ無税の特典で輸入されてメーカーに渡っていった。前の年に走ったワークスモンディアルは大倉商事を通してホンダに入って来たのである。それは河島氏をはじめ、第2研究課のメンバーが生まれて初めて見る〝本物のレーサー〟だった。

研究所ではモンディアルの隣でフレームがつくられた。分解される前のモンディアルに跨《またが》った人たちは、初めてGPマシンのポジションを知った。ハンドル、ステップの位置、といったものは全てモンディアルから吸収された。

エンジンに関しては、単気筒は考えていなかったために〝ホンダオリジナル〟の2気筒が最初から決まっていた。

完成した125ccのレーシングマシンは、これも完成したばかりの荒川土手のテストコースで試運転された。テストコースといえば聞こえはいいが、1500メートルの直線を行ったり来たりする試運転で、エンジンは満足出来る状態に仕上がった。

ホンダはノートン・マンクスで1951年と1952年のマン島TTを連続制覇した名手、ジェフ・デュークを丁重に招いて試乗してもらう。

マシンから降りたデュークはこう言った。

「まあいいだろう」

デュークのこのひとことが、スタッフをどれほど勇気づけたことだろう。

英国へ旅立つ前に、宗一郎氏は「決して無理をするな。全員無事で帰って来てくれ。必ずだぞ」と念を押した。

だがそれをまともに聞いた人はいなかった。誰もがギラギラと燃えていた。必ず勝って帰ってこよう、と思いつめていた。荒川ではあれだけ速いデュークでさえ「まあ、いいだろう」と言ってくれたではないか、無理をしてでも勝って帰国したい、それが全員の心境だった。

そのあとでも宗一郎氏がチームを送り出すときの言葉には、〝必ず勝ってこい〟という言葉は言ったことがない、という。いつでも〝無事に帰って来てくれよ〟というだけだった。

そして歓送会などというものは、後にも先にもこのときだけで、昭和35年以降は、まるで大阪あたりに出張にでも出るような、そんなものだったという。


1951年のマン島TTレースにおいて、ノートンでセニアクラスに出場したジェフ・デュークは、平均時速150・97㎞の新記録をマーク。この〝スピードの王者〟と称されたジェフ・デュークによって、ついにマン島のコースにおける150㎞の壁は破られたのである。

ウルトラライト級（125cc）12周　112,212km

着順	車番	選手名	年令	車名	タイム
1	21	大石　秀夫	21	ヤマハ	1時16分55秒
2	2	宮代　正一	35	ヤマハ	1. 17. 20
3	28	水沼　平二	24	ペンリイ	1. 18. 40
4	3	宇田　勝俊	25	ペンリイ	1. 19. 04
5	20	松野　弘	24	ヤマハ	1. 19. 11
6	26	福田　貞夫	22	ペンリイ	1. 22. 20
チーム賞	18	平賀　陸一	31	トーハツ	1. 39. 58
	22	花沢　昭	25	トーハツ	1. 24. 52
					3. 04. 50
参加　28車　完走　16車					

ライト級（250cc）14周　130,914km

着順	車番	選手名	年令	車名	タイム
1	75	益子　治	20	ヤマハ	1時22分26秒
2	65	砂子　義一	25	ヤマハ	1. 23. 57
3	66	下良　睦夫	25	ヤマハ	1. 23. 59
4	74	加藤　正男	21	ドリーム	1. 24 52
5	72	秋山　邦彦	22	ドリーム	1. 25. 39
6	70	谷口　尚己	21	ドリーム	1. 28. 18
チーム賞	65	砂子　義一	25	ヤマハ	1. 23. 57
	66	下良　睦夫	25	ヤマハ	1. 23. 59
				合計タイム	2. 47. 56
参加　25車　完走　9車					

ジュニア級（350cc）16周　149,616km

着順	車番	選手名	年令	車名	タイム
1	104	鈴木義一	26	ドリーム(C-70)	1時36分22秒
2	2	佐藤市郎	28	ドリーム(C-70)	1. 36. 50
3	6	谷口尚己	21	ドリーム(S B)	1. 38. 04
4	7	小沢三郎	22	ドリーム(S B)	1. 40. 20
5	109	佐藤　進	22	ドリーム(S B)	1. 40. 21
チーム賞	①ホンダBチーム　2.104　3時13分 2秒				
	②ホンダAチーム　6. 7　3時18分24秒				
	③ライラツク　1. 3　4時17分 2秒				
参加　9車　完走　8車					

〔註〕個人最高タイム　セニア級（500cc）杉田和臣32歳（メグロ）1周 5分49秒02　全周1時33分07

第2回浅間火山レース（1957年）のレース結果。本田宗一郎は「負けた責任は俺だ。皆よく頑張ってくれたのにすまない。（中略）来年こそは三度目の勝負だ。絶対勝ってみせる。来年は五月までに新車を作ろうよ。みんなもきっと今度以上にがんばってくれるよ」とコメントを残している。レース結果表、コメントは「ホンダ社報1957年No.25」より

第8章

世界の舞台へ――ついにマン島上陸――

選手たちにとって未知のマン島を走ることよりも、生まれて初めて乗るジェット機の旅のほうが怖かったが、ＢＯＡＣのコメット機は、無事にロンドンまでチームを運んでくれた。

「通関の時が大変でした」と河島氏はふり返る。なにしろ全員が制限ギリギリの荷物をかかえていた。その量の多さと、なにやらわからない品物ばかりのために、密輸の疑いをかけられて時間がかかりました、と河島氏は笑った。

「書類に記入されていないものが多いではないか」と厳しい税関をやっと通ってマン島へ着いた一行は、貸し切りにされていたホテルに到着して驚いた。５部屋しかないその小さなホテルの部屋には、調度品以外は何もなかったからだ。

〝ベッドがない〟そのわけはすぐにわかった。なにしろ日本人がレースに出るためにまとまって来るのは初めてのことだから、このホテルの支配人は、マン島始まって以来の〝日本人団体客〟をどうすればゆっくり休ませられるか、に気を遣《つか》った。

「日本人はベッドには寝ない。床の上にじかに寝るんだ」という知識をどこからか仕入れて、ああそうか、と部屋のベッドをわざわざ全部片づけてしまったのだ。

先着の荷物の中には電気洗濯機まであった。そのころの日本ではとてもお目に

ここが、ナースリーホテルの我がチームの寝泊まりした部屋です。南向きの例のマットトレスは、ごらんの通りでベッドではありません。全部われわれの部屋は二階ですから、窓からの景色は案外良く、海も見えます。
（「ホンダ社報１９５９年７月号 マン島日記 飯田佳孝」より）

かかれない代物は、アメリカから送られてきていた。それは日ごろ「汚れた作業服はいかん」と、それだけは口やかましい宗一郎氏が、アメリカ滞在中の河島氏に言って送らせたものに間違いなかった。

「クリーニング屋があっても、汚れた作業服を出すわけにはいかないだろう」と言っている宗一郎氏の顔が浮かんでくるようだった。

「もちろん米は持って行きました。タクアンも漬物も樽《たる》で持って行きましたから、宿はさぞかしにおいに閉口しましたでしょうね」

荷物にもブレザーにも日の丸はつけて行かなかったという。戦後14年が経過しているとはいっても、かつては戦った相手の国に行くから対日感情を考慮して……などという考えは毛頭なかった。オリンピックでもそうだが、何がなんでも日の丸、日の丸、で行くのは考えものだという思いが宗一郎氏にはあった。ましてマン島に行くのは一企業でしかないホンダなのだ。だから、日の丸を仰々しくかかげて行くことはない。ホンダの名前とマークだけで行け。ということだったのである。それに推測を付け加えることを許されるならば、こう付け加えたい。

「役所なんてなにも助けてくれなかったじゃないか。たかがオートバイの競争に貴重な外貨は出せない、とか言うばかりで……」

そんな意地もいくらかはあったのでは、と思う。だがそのホンダの名前は税関でごたついたとき、全く役に立たなかった。
「ホンダ？　知らんね」と冷たい英国の役人が、それでも書類の不備を楯にすることなく通してくれたのは、「マン島を走るために来た」というひとことだったのかもしれない。

1ヵ月も前からマン島に来て、そして練習を開始したホンダは島の人たちの注目の的だった。それは相次いで到着する外国チームの連中やジャーナリストも同じだった。

彼らはRC141を穴があくほど見まわした。彼らにとってホンダ伝統のボトムリンクは、いかにも時代遅れに見えたらしかった。

RC141は、マン島での練習でパワー不足が問題となり、急遽、研究所から送られてきた新しいヘッドを組み付けられた。2バルブから4バルブとなり、出力は向上した。

マン島に馴れるための走行にはCB150が使われた。高度差、カーブ、そういったものは谷口尚己、鈴木義一、鈴木淳三、田中楨助の4選手を驚かせた。箱根あたりで充分走り込んだ自信は、そういったコースの難しさよりも、あとから来て走り出した外国のワークスチームの速さの前に、グラグラと揺らいでゆくようだった。パワーも違う。RC142よりはるかに出ている。そしてそのスピード

RC142(1959年)　RC141はDOHC並列2気筒2バルブ、12500回転時に15・3馬力の高出力だったが、2バルブ方式に限界を感じ、研究所から取り寄せた4バルブのシリンダーヘッドを急遽組み付けた。それにより13000回転時で17・3馬力を発生した。ライダーは谷口尚己。

マン島TT参戦ライダー（1959年）。左から鈴木淳三、谷口尚己、鈴木義一、田中禎助。

はコーナーではいっそう速かった。

選手のひとりは心安くなった外国人ライダーに訊《き》いた。「コーナーでどうしてあんなに速いのか」と。

答えは「パワーとサスペンションのバランス、そしてライダーのテクニック」だった。〝コーナーは腰でまわる〟と言われたことが4人の間で熱心に討論された。それを会得《えとく》するにはコーナーでの彼らの走りを見る以外にはなかった。それも、彼らのすぐうしろから。

河島監督が自らを「井の中の蛙だった」と言ったことはあまりにも有名だ。たかだか1500メートルの直線を走っただけで、勇躍マン島へ来たことを誰も責めることは出来ない。外国の情報がほとんど入ってこない当時、「ともかくマン島へ出場しよう」というとてつもなく大きなアドバルーンのもとで、出場にこぎつけた勇気を称えることは出来ても……と確信する。

勝負の世界に「もし」とか「だったら」は禁句だ。だが〝もし〟モンディアルが手に入らなかったとしたら、RC141はもっとプアなGPマシンだったかもしれなかった。

そして〝もし〟デュークがもっと辛辣《しんらつ》に批評してくれていたとしたら……という思いもあった。

だがそれは丁重な招きを受けて来日した英国人の精一杯気を遣っての言葉として受け止めよう、と思った。

日本のホンダがつくった日本で初めてのGPマシンを「まあいいだろう、グッドだ」と言ったデュークの言葉を単なる社交辞令として受け取るべきではなかった。それがたとえ1500メートルのストレートを走っただけで「マン島TTへ出るのだ」という日本人を「何を言っているんだ！」とデュークがなかば呆れて言ったとしてもだった。


ボア・ストローク44×41（㎜）、124・6cc、圧縮比10・5、並列2気筒DOHC、ギアトレーン、4バルブ、16000回転で18馬力。そのスペックに肩を並べることが出来るマシンは、日本のメーカーではホンダ以外にはまだつくることは出来なかった。

「われわれが初めてなのだ」という思いのうちにその日がやって来た。出来るだけのことはやった、という感慨がチーム全体にあった。日本では考えられない高回転・高速にエンジンはよく耐えた。それはメカニックの人たちの不休の努力で支えられた。

現地でマシンに根本的な改善は加えられなかった。マン島へ来てから新しくつ

AP通信は次のように報じた「過去に日本人は模倣者と呼ばれ、何でも真似をして来た。戦後すぐにはこの言葉を実証する多くのイミテーションモデル（真似）の車が作られていた。ところがこのホンダレーサーは一点のうたがう余地のない独創的な（基本から）モデルである。（原文のまま引用）」（「ホンダ社報臨時号」1959年6月発行より）

くられ、そして取りつけられたものは、プラグ付近のシリンダーヘッドの高熱に対処するために、そこらにあるアルミの切れ端《はし》を曲げてつくられたシュラウドだけだった。

河島喜好監督は、全車完走の方針を全員に伝えた。

「1台の落伍《らくご》(リタイヤ)もあってはいけない。熱くなって自分を見失うような走りさえしなければ、エンジンは大丈夫だ。エンジンを壊してはいけない。メカの人たちに申し訳がたたないぞ。いいか、エンジンは大丈夫だ。1台も欠けずに10回、周って来てくれ」

4人の選手はうなずいた。もし、我を忘れてMVやドゥカティを追ってエンジンを壊しでもすれば、それはホンダのエンジンではなく、日本の技術に対する評価を失墜させることになる。あれほど〝日の丸ではなくホンダなのだ〟と心の中に期していた人たちの胸の中に〝日本〟が意識されて来た、とすれば多分それはスタート前のこのときだけだったに違いなかった。

マン島では土・日曜日は銀行が休み、だから店も休み。バンクス・ホリデーと呼ばれるその日は島中がゆったりとくつろぐ。そんな日もホンダは休まなかった。

「日本からホンダという名の軍隊がやって来た。彼らにはバンクス・ホリデー

1950年代に入ってから、イタリアは世界のモータースポーツ界で圧倒的な強さを示しはじめた。特にMVアグスタは代表的な存在で、1960年まで125ccから500ccまで世界選手権の全タイトルを3年間もの間独占し続けたのである。(写真はMVアグスタのレーシングモデル)

などというものは全く関係ない。ただただ規律正しく走り続ける。彼らはスポーツとしてマン島へ来たのではない」と、新聞に書かれた。目が血走っている、と言った人もいた。

「勝ち負けなんかどうでもいいよ。ともかく全員無事に帰って来てほしいんだよ」と言った本田宗一郎氏の言葉を河島監督は噛みしめた。ホンダの名誉のために全車完走が最大の目標だった。

「勝とうなんて思うなよ」それがミーティングの結びだった。MVの圧倒的な速さひとつ見ても、それは正確な指示だった。それを4人が4人とも理解し、完走を誓うのが嬉しかった。

4人とももう目は血走っていなかった。

「よし、行こう」と河島監督は声をかけた。

6月3日、4台のRCマシンとビル・ハントのCB95がグリッドについた。それはホンダが日本のホンダでとどまるか、世界のホンダとして羽ばたけるかの岐路を前にしての、はてもない、そしてとてつもなく長い道へのスタートだった。


当初はマン島TTレースに出場する予定の4人の選手の中に秋山邦彦がいたが、直前に撮影していた〝妻と勲章〟という映画のロケ中に、遮断していた道路に侵入してきたトラックと衝突して死亡してしまった。秋山は、研究熱心で将来を期待された有望選手だったので、この不慮の事故は、河島監督をはじめ関係者に深い悲しみを与えたという。そしてホンダチームのメンバーは、彼の遺髪や写真をもってマン島に向かい、谷口は彼の写真を胸に抱いてレースに出場し、彼と共に戦ったのである。

1959年、マン島TTのスタート風景。

第9章

ホンダ、マン島ＴＴ初戦——井の中の蛙、大海を知る——

1ヵ月も前からマン島にやって来ては猛練習を重ねた成果は、マシンにもライダーにも表れていた。やるだけのことはやった、という充足感が選手たちの顔から殺気立つものを消し去った、と河島喜好監督は見た。

公式練習で谷口選手は15周の周回をこなして4選手の中では最も早くコーナーを習得、7周で右手薬指の怪我《けが》を主催者に発見された鈴木義一選手は、勧告にしたがって周回を中止したものの予選では4人の中で最も速い10位に入って〝ギッチャン〟の面目を発揮していた。

初めてのマン島、未知数のエンジン、時代遅れに見えるボトムリンクサス……それらを総合して初登場のホンダに対する評価は高いものではなかった。それが日を追うにつれて高くなったのは、外国のどのチームより多い練習量、ひたむきなメカニック陣の働きが知られるようになってからだった。

特にパワー不足を補うために新しい4バルブエンジンが急ぎ送られて来た事実は、ベテラン揃いの常連チームのメカニックを驚かせた。〝ホンダを見くびってはならない〟という空気が生まれたのは、この時点からだった。

そういった努力が実って、快晴の6月3日、鈴木義一、田中楨助、谷口尚己の3人が第3列目、鈴木淳三が第4列目に並ぶことが出来た。

午後1時ジャスト、33台の125ccは1台も残らないスタートを切った。

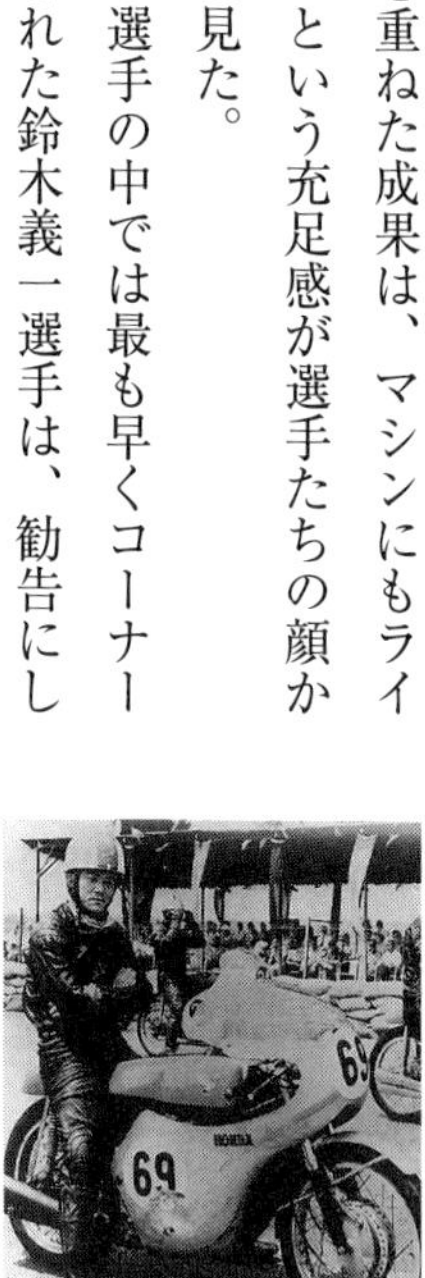

鈴木義一（1931年生まれ）第2回浅間火山レースではホンダC75Zを駆り、350ccクラスで優勝。1959年のマンTT125ccクラスでは7位などの成績を残す。

アクセルを開けたかった。しかし10周、173km余は長い。「全車完走をめざせ」という監督の指示は至上命令だった。4人と、通訳を兼ねて個人出場のビル・ハントの乗る5台のホンダは1周目を全体のセカンド・グループで周回した。

2周目、ビル・ハントは逆バンクのバラコーアで転倒。フロントサスペンションを壊してリタイアするが、残り4台は健在、特に谷口選手は10位前後にあがった。3周目、MVアグスタのウビアリがピットイン。しかし、チームメイトのプロビーニがトップを追い、MZのタベリは8分38秒、120km／hのコースレコードを叩き出してトップをキープ。先頭集団に追いつこうとするウビアリは6周目で谷口を抜いて8位に出てくる。10位についた鈴木淳三のマシンはブレーキ不調でピットイン、素早い応急修理のあと復帰するが15位に落ちる。

トップグループとセカンドグループが形成される中で、谷口選手は7位と8位に目まぐるしく入れ替わるMVアグスタとドゥカティのうしろについていた。9周目に7位に上がったドゥカティだったが、急追するMVアグスタを意識したコーナーでスピン、不幸にもそれを避けきれずにMVアグスタも転倒。目の前の2台が一瞬のうちに消えて谷口選手は6位に浮上、そのままゴールイン。8位には1周遅れの田中選手。そして11位には5周目の15位から追い上げた鈴木淳三選手

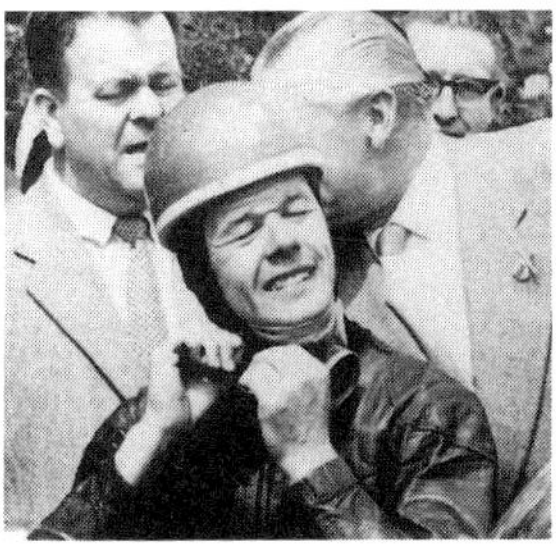

ルイジ・タベリについて河島喜好監督はこう語っている。「（中略）過去の彼のレース歴からしても世界一流のライダーであることには間違いないと折紙をつけていたのですが、練習熱心であることにおいては全く驚きました。ドイツGPのホッケンハイムコースでも、他のライダーは気軽に考えて練習しないようなところでも、彼は繰り返し練習をやり研究をやるという熱の入れ方でした。」（『グランプリレース』三樹書房発行より）

が入った。

6位以内に与えられるシルバーレプリカ賞を手にした谷口尚己選手に続いて、7〜10位に与えられるブロンズレプリカ賞が鈴木義一選手と田中禎助選手に渡されたとき、初出場ホンダチームに対する惜しみない拍手が巻き起こった。

ブレーキのトラブルさえなかったら、もうひとつのブロンズレプリカもホンダに渡されるところだったが、チームの4台のうちの3台が規定時間以内に完走したことによって、メーカー・チーム賞がホンダに贈られた。

優勝はMVアグスタのプロビーニ。タイムは1時間27分25秒、平均時速119km。2位はMZのタベリでプロビーニにわずか0・5秒6の遅れ、3位は2分19秒離されたドゥカティのヘイルウッド、と錚々《そうそう》たるメンバー。4位はMZのウビアリだった。


ホテルの主が「こんな時間に国際電話を使う客は、商売を始めてからホンダが初めてだ」と驚いた。その何百回目かの電話は本田宗一郎氏の自宅にかけられた。

レースの結果を報告する河島監督に、電話の向こうの宗一郎氏は「全員無事か?」と訊《き》いた。電波の乱れとそれによる雑音で聞き取りにくかったのか、それ

マイク・ヘイルウッド（1940年生まれ）1961年度世界チャンピオン。子供の頃からモーターサイクルに興味を持ち、18歳でTTレースに出場。NSU250ccを駆って3位。数々のレースで勝利し、61年にはマン島TTレースに史上初のトリプルウィンを獲得した。

は何度も何度も訊き返され、そして「よかった。元気で帰ってこい」という声で終わった。予想をくつがえした、と言われた入賞については別に賞賛の言葉はなかったという。

実は河島監督は、マン島へ来たMVアグスタやMZの速さを目の前で見て、宗一郎氏宛てに「井の中の蛙でした」と書いて送っていた。

1954年にマン島を視察して「向こうの連中は速いぞ」とは聞いていたが、その後の開発でRCの実力は、MVやMZに対抗出来るところまで来た、と考えていたことへの反省が自らを〝井の中の蛙〟と言わしめたのである。

宗一郎氏が入賞に格別声をはずませなかったことは、河島監督にひとつの不安を感じさせ、それが「来年も出させて下さい。再来年もです。3年の時間を下さい。そうすれば必ず、井戸の中の蛙ではなく、大海の蛙になることを約束しますから」という有名な手紙を書かせることになる。

5年前の昭和29年に、宗一郎氏がマン島出場宣言を発したとき、ホンダは創業以来、最初で最大のピンチに遭った。まだマン島TTレースが何たるかを知らない社員が多い当時でも、社長が突然ぶちあげた宣言は、とてつもなく金の要ることだ、ということを知ることは出来た。

マン島TTの表彰式にて。右端は河島喜好監督。

その苦しさの中から、全く未知のレーシングマシンをつくってきた河島監督にすれば、「5人のライダー、そしてメカニック。5台のレーシングマシンと4台の練習用マシン。そして充分すぎるスペアパーツと工具類の数は、まるで工場がそっくり引っ越ししてきたようなもの」と伝えられ、「これに要した費用は、ヨーロッパのメーカーの1年分のレース費用に匹敵するだろう」とさえ報道された。そんな莫大な費用を、来年も会社が支出出来るかどうかについて全く確信が持てなかった。

「1回行けばいいんだよ」と言われればそれで終わりだった。「もう1回行かせて下さい」と言っても「金が続かないよ」と言われれば万事休す、だった。

レーシングマシン開発をひとすじにやって来たからこそ、マン島TTレースにかけた費用のあらましは知っていた。それだけに完全に好調を取り戻したとはいえない会社が、次の年のマン島TTレースへの参戦ををOKするとは思えなかった。

それでもまた来たかった。エンジンの2バルブから4バルブ化への自信は初挑戦で強まった。技術屋として、会社の政策を度外視しても、このエンジンに賭けてみたいという思いは当然だった。

だから「3年の時間を下さい」という手紙は、技術屋としての河島喜好の心か

初出場としては幸運にも、予想以上の成績をあげ、世界各国から注目されるようになったことは事実ですが、このレースから教えられることはあまりにも多くありすぎたので、それを全部消化して自分のものにすることに、私は人知れず頭を痛めました。そして、やはり場を踏まねばならない、経験を積まねばならないことを悟ったのです。
「勝利への三年間」河島喜好談
(『グランプリレース』1989年6月10日発行より)

らの叫びであり、今読み返しても懇望《こんもう》に近いそれを充分に理解させるのである。

マン島TTレースの3日後の6月6日、通産省は「マン島TTレースにおける好成績は一企業の業績ではあるが、国産オートバイの品質と性能が、世界の水準に到達したことを世界に認識させた意味は大きい。これによって国産品の輸出にも明るい見通しが立った」という意味のコメントを発表した。

宗一郎氏が飛行機好きなことは、少年時代に浜松に来たアート・スミスの飛行機を見たい一心で自転車で浜松へ出たことでもよく知られている。有名なカーチス号のレーサーは、飛行機用エンジンを積んで無敵を誇ったものだが、カーチス号の製作にあたって宗一郎氏がいちばん苦労したのは減速だったそうだ。宗一郎氏が飛行機のエンジンの回転数を落とすために考えたのはギアによる減速だった。ギア比を計算し、すべて手づくりのギアによる減速装置は強大なトルクのために、はじめのうちはことごとく壊れたという。壊れないギアをつくるのにはどうすればいいか、を考えた宗一郎氏は焼きの入れ具合が重大なキーポイントであることに気付き、苦労して壊れないギアをつくるのに成功したのだ。

「教えてくれる人などはおらん。焼いて水に入れてジュッ！という音、色の変

日本に帰国したホンダチーム。羽田空港にて。

わり具合だけを頼りにつくったもんだ」と言うギアは、鈴鹿サーキットで宗一郎氏に乗ってもらうために再生される際に、後輩たちによって詳細に調べられ〝とても勘だけでつくったとは信じられない〟と驚嘆された。

ホンダに入社した航空機関係の人々は、それぞれの経験をフルに活かしてホンダで活躍することになるが、昭和5年に中島飛行機に入社、以来敗戦の日まで戦闘機用エンジンの製作に携わってきた関口久一氏もその一人だった。

敗戦のショックに茫然として群馬県太田市の自宅にひきこもった関口氏は、やはりエンジンが忘れられず、昭和23年、働き先を富士自動車に求めた。

富士自動車といっても、のちのスバルやプリンスの富士精密ではない。この会社は太平洋戦争によって傷ついた米軍の軍用車輌を修理・再生する目的として設立された。

主工場は横須賀に設けられ、ここには太平洋の激戦地で損傷した軍用車が続々と運びこまれた。その数は追浜海岸をたちまちのうちに埋め尽くすほどの量に達し、こういった車輌を再生するために多くの日本人が集められたのだ。

航空機の設計や製造、自動車関係の技術者は最優先で採用され、続いて現場で働いた人々、軍関係の技術者や技術兵も募集された。働きたくても工場は爆撃でやられてしまっていたり、残っても接収されたりで働く場所を失った人たちにと

谷口尚己とRC142。2バルブから4バルブへとエンジンの高出力化は進んだが、フロントフォークはボトムリンク式だった。

って富士自動車は恰好《かっこう》の働き場所だった。

関口久一氏は昭和32年（1957年）に本田技術研究所入りをするが、それは「速いオートバイをつくることに夢中になっている会社がある」と聞いたことがきっかけだった。

「速いエンジンをつくることにすべての情熱を傾けていたから、宗一郎氏に会った時にはすぐに共感を覚えたよ」と語る関口氏は、連れて行かれた研究所の一室で唸《うな》りを立てて回るエンジンに度肝を抜かれる。いくら速いエンジンだと威張っても、飛行機のエンジンにくらべれば玩具《おもちゃ》みたいなものだろう、と多寡《たか》をくくっていたことがものの見事にくつがえされたからだ。

「飛行機のエンジンは2500回転も回っていれば飛んじゃうんだ。それなのに小さなエンジンがだよ、音を聞いたら1万回転は回ってるんだ」

しかもそれが誰に教わったでもなく、みんなでつくったもの、と聞いたときに関口氏はこの会社で、もう一度油まみれになる決心を固めた。

宗一郎氏が航空機関係の技術者を招いたのは〝これからのオートバイのエンジンに必要なのは一にも二にも耐久性〟という信念からだった。耐久性を上げるためには各部分の精度向上が不可欠、それには飛行機のエンジンに学ぶのがベスト、ということに異論を唱える人はいるはずもなかった。それにもうひとつ見逃

L
HON
27

してはならない重大なことがある。

それは航空機関係出身の人たちが大量生産のノウハウを身につけていたことだ。このことはエンジンの耐久性が飛躍的に向上したあと、ホンダが大量生産方式で他のメーカーを一歩も二歩もリードするときにこの上なく役立つものになったのである。


さて、研究所に入った関口氏は宗一郎氏と河島喜好氏を助けてエンジンの開発に携わり、1959年、初のマン島TT参加にはメカニックとして加わる。

〝荒川育ち〟のRC141がマン島へやって来て初めて露呈した欠点の多くは現場で改善された。急制動と急加速、そして強い横Gがかかるたびに起きる瞬間的なガス切れ現象などは1500メートル直線だけの荒川では出ようにも出ない問題であり、シリンダー後部のオーバーヒートもまた同じだった。

そういった問題が起きたとき、いち早く対応策を立てて、あり合わせの材料で改善してしまうのは関口氏の特技だった。アルミのヤカンを潰してガスケットの代用品をつくったのも関口氏のハッパに端《たん》を発したことなら、後のほうに空気の流れが行くようにシュラウドをつけて熱の問題を解決したもの関口氏だった。

「いやぁ、そんなことないよ。みんなで考えて、みんなでやったんだ。それ、

前頁の写真は、1959年、マン島でのホンダチーム。右から2番目が整備主任の関口久一。関口は中島飛行機で長年航空エンジンを手がけ、「この人が最終調整をしたエンジンは絶対に信頼出来る」と言われたほどの名人だった。

窮《きゅう》すれば通ずるっていうやつですよ」と関口氏は言うが、飛行機で鍛えられた大先輩がいることはピットの中に千金の重味を加えただろうことは間違いない事実だった。

本田宗一郎は初参戦のマン島を終え、「世界への道はひらけた。このような成績を収めることが出来て、非常にうれしい。監督始め選手、整備員もよくやった。このような車を作った諸君に厚く礼を言いたい。しかしまだ一番から五番まで残っている。来年を期して大いに頑張ろう。これで多年の念願であった世界への道はどうやら開けた。御同慶にたえない。」と語った。(「ホンダ社報臨時号」1959年6月5日発行より)

125cc 決勝レース着順並びに時間

着順	選手名	出場車	国名	タイム	平均時速	ラップタイム
				時 分 秒	km	分 秒
1	T.プロビニイ	MV.アグスター	伊	1.27.25.0	119.18	8.44.5
2	L.タベリイ	MZ	スイス	1.27.32.6	119.0	8.45.3
3	S.M.Bヘールウツド	ドカツテイ	英	1.29.44.0	116.11	8.54.4
4	フユーナー	MZ	東独	1.30.11.6	115.72	9.01.2
5	C.ウビアリー	MV.アグスター	伊	1.30.55.8	114.58	9.05.6
6	谷口尚己	ホンダ	日本	1.34.48	109.89	9.28.8
7	鈴木義一	〃	〃	1.36.48	107.35	9.40.8
8	田中禎助	〃	〃	1.38.38	105.71	9.51.8
9	F.パースロー	ドカツテイ	伊	—	—	—
10						
11	鈴木淳三	ホンダ	日本	1.41.26	102.68	10.08.6

1959年、マン島でのレース結果。当時のホンダ社報（臨時号）には「わがホンダの選手団はよく健闘し、谷口選手が六位に入賞してシルバー・レプリカを獲得、四名が十一位までに入るという好成績をあげ、なおあわせて製作者チーム章を受賞した。（原文のまま引用）」とある。（「ホンダ社報臨時号」1959年発行より）

第10章

再び浅間へ——国内のレーサーたち——

あまりにも多大な出費を必要とする、という理由で1年おきになった全日本オートバイ耐久レースと、メーカー色を一切排除した全日本クラブマンレースで多くの名クラブマンが広く知られるようになった。

伊藤史朗、高橋国光、望月修といった人たちがそうで、こういった人たちの活躍が国内でのオートバイ人気、特にスポーツモデルの要素を備えた車種の人気を呼び起こし、それにホンダのマン島での活躍がさらに輪をかけた。

お堅《かた》い通産省が、しかめつらしいコメントを発表するまでもなく、一般の庶民ライダーはこのところ急激に〝良くなってきた国産車〟に熱をあげはじめていたのである。

まだ本格的なスポーツモデルは登場していなかった。ただし〝速いオートバイ〟はあった。だから人々の間にそういった〝速いオートバイ〟は高い人気を持ち、フェンダーを切りつめたり外したり……といった改造をすることでクラブマンレーサーを気取ることも流行していた。

1959年の浅間火山レースが今に残るレースだった背景には、こういったオートバイブームがあった。だいいち、めったに見られない外国車がめいっぱいのレースを展開するのはなんともいえない興奮を呼ぶものだった。

国産の重量車が外国車にどれだけ肉迫するかも話題の的であり、また、今年は

1959年、第3回浅間火山レース会場入り口の様子（第2回全日本モーターサイクルクラブマンレースも併催）。新型の国産車や珍しい外国車をひと目見ようと、各地からオートバイ愛好家が集まったという。

どんなヒーローが出現するか、という予想も楽しいものだった。しかもクラブマンレースの勝者はファクトリーのレースに招待参加される、ということでクラブマンの士気はいやがうえにも高まったのである。

当日、浅間高原をめざす観客の車の数も記録的だった。マイカーを持つ人はまだ少なかったが、それでも〝よくもまぁこんなに……〟というほどに自家用を示す白ナンバーが山道を続き、数百台の大型バスがレース場のまわりを埋め尽くした。

地元では消防団まで動員して交通整理にあたり、場内では陸上自衛隊が、お手のものの通信技術をフルに使って運営に協力すれば、通産大臣が自らやって来て開催の辞を述べる、といったことから考えられるように、第3回浅間火山レースは〝国民的行事〟のような盛りあがりを見せた。

それらは全て、どんな新人が現れるか、外国車の豪快な走りっぷりはどうか、どんなマシンが出てくるか、アマチュアが走ることを商売にしているファクトリーに対してどのくらい戦えるのか、といった興味から発し、それにマン島帰りのホンダをひと目見たいということと、ホンダが途方もない250ccを走らせるらしい、というニュースが加わったから大変だった。

ホンダベンリイSS CB92（1959年）歴代CBの初代マシン。空冷4ストロークOHC並列2気筒、124ccのエンジンは10500回転時に15馬力を発生した。1959年の浅間クラブマンレースでは一般ライダーの北野元がCB92を駆り、マン島帰りのRC142を抑えて勝利を飾った。

125ccの〝速いオートバイ〟代表は、ヤマハのYA-1であり、そして新発売で人気急上昇中のベンリイCB92だった。2ストロークファンと4ストロークファンは日本を二分していたから、このクラスのクラブマンレースも人気の的だった。

ヤマハはファクトリーチームを送り込まなかったが、有望なライダーのバックアップには充分な体制を整えていた。ホンダもそれは同様だった。

第1日目のクラブマンレース350ccクラスでは野口種晴選手のヤマハがドリームに2分近い差をつけて勝ち、500ccクラスでは高橋国光選手がBSAゴールドスターで勝った。501cc以上もBSAのA10に乗る吉田治選手が勝ち、重量クラスではやはり外国車が強いことを観衆に印象づけた。

次のクラブマン125ccは〝手の届かない外国車〟に比べると、ぐっと身近なオートバイの登場だった。ホンダは2気筒のSOHCのC90と、のちにCB92の名を冠することになるベンリイSSを24台もこのレースに登場させた。

これに対してヤマハは、1955年以来のYA-1を12台出場させて対抗したが、新鋭の2気筒SOHCの前には歯が立たずに完敗を喫した。優勝者はベンリイSSに乗る北野元選手、若干18歳、関西ホンダ・スピードクラブのライダーだ

ホンダドリームSS CR71（1959年）空冷4ストローク OHC並列2気筒247cc。エンジン出力は8800回転時に24馬力。1959年の浅間クラブマンレース用に僅かに生産されたモデル。

った。

北野選手はそのあとのクラブマン250ccレースにもCR71で出場し、ほかのCR71や野口種晴選手の乗るヤマハ250Sを全く寄せつけずに優勝して、翌日のファクトリーレースに招待出場の資格を獲得する。

北野選手のバックアップについたのは浜製（浜松製作所）のメカニックたちだった。彼らは北野選手以上に翌日のレースに興奮した。なにしろ相手は研究所が総力をあげてつくり上げたファクトリーマシン、こっちは市販車ベースのベンリイSSである。どう見たって勝ち目があるはずはなかったが、そのことがかえってファイトをかきたてた。

北野選手はとにかく速かった。すでに2クラスに勝ったことで自信もつけていたから、思いきり走らせよう、と考えたのだろう。

研究所の連中は北軽井沢にある会社の保養所に陣取っていたが、クラブマンを支援する製作所の人たちは町はずれで合宿だった。風呂をもらいに会社の保養所に夜道を歩いて行った浜製の人たちは風呂場で河島喜好氏と鉢合わせをした。お酒一杯の余韻も手伝って、「河島さん、明日の125はいただきますよ」と言ってしまう。そして、返ってきた言葉はこうだった。

「なに言ってるかぁ、製作所が研究所に勝てるわけないじゃないか」

ヤマハスポーツ250S〈YDS-1〉（1959年）空冷2ストローク並列2気筒246cc。7500回転時に20馬力を発生。国産車初の5段ミッション、エンジン回転計を内蔵したコンビネーションメーターを採用した高性能なスポーツモデル。

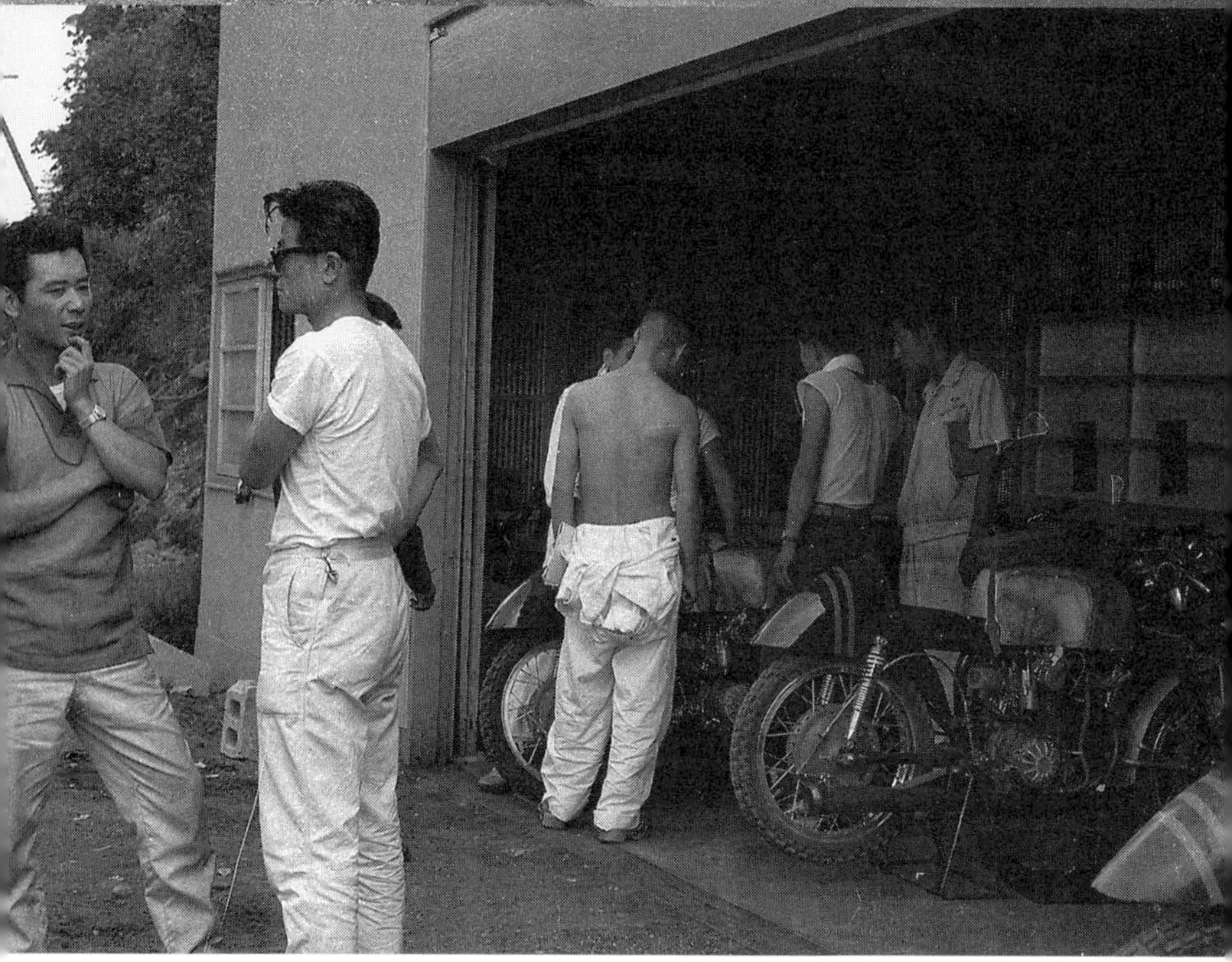

翌8月24日、夜中からのいやな雨が残っている中で、北野選手は無口だった。前の日のレースで〝焼け気味だった〟と聞いて、ピストンクリアランスをガタガタになるくらいに調整していたメカニックたちは、そんな北野選手を元気づけるために冗談をとばし続けた。

「出られるだけでももうけもんだぁ。もしこれで勝ちでもしてみろ。お前さんはすぐに研究所からお声がかかるわ。北野さま、どうかうちのRCに乗ってくださいってな」

「勝てるわけなんかない」北野選手は、ぼそっとそう呟《つぶや》いた。

「そう、それよ。むこうもRCにベンリイが勝てるわけないと思ってるさ。そこが〝つけ目〟だ。いいか、出られただけでも、もうけもんなんだ。勝てなくて当たり前なんだぞ。負けてもともとのレースなんてそう滅多にあるもんじゃない。思いっきり行けや。ダメでもともと。ダメもとなんだから」

レース前に空がいくらか明るくなったのをメカニックたちは見逃さなかった。間もなく雨が上がることをレース屋《や》としての本能が教えてくれた。スプロケットをかえよう、とひらめいた。研究所のほうはすでに準備万端といった具合で、ゆったりと落ち着いているのが見えた。RC142にはカバーがかけられていた。

ホンダのピット風景。〝アサマ・フォア〟と呼ばれるRC160の後ろ姿が見える。写真下段の左側に写っているのは河島監督。ホンダの資料では、この写真に「マン島プロトタイプ」との記述が残されている。

スプロケットをかえるというイチかバチかの判断は〝雨が上がる〟ほうに賭けて、北野選手のベンリイSSのスプロケットは晴天用に変更された。当時はまだドライ用のタイヤもウェット用のタイヤもありはしなかったから、タイヤはそのままだった。だいいち、路面がザクザクの浅間のコースではユニバーサルかブロックか、そのどっちかしかありはしなかったのである。

だから北野選手のマシンには、ユニバーサルの新品がつけられただけだった。

RC142にひと泡吹かせようと意気込むのは製作所の人たちの他にもいた。そっちのほうはベンリイSSよりももっと手ごわく、そして本気だった。コレダRBによるスズキのファクトリーがその一番手ならば、浅間で上位に食いこんだトーハツもそうだった。トーハツは実用車オンリーのイメージから抜け出すべく、このレースには会社の浮沈がかかっていた。それは昌和製作所も同じだった。

スタートから北野選手はファクトリーライダーのトップグループに割って入り、レース序盤でその位置を確保し続けた。それは見守る浜製のメカニックたちを唖然とさせるほどの速さだった。

「バカヤロー、エンジンがいっちまうぞ！　おさえろ、おさえろ！」と叫べども手を振ろうとも、北野選手のペースは全く落ちなかった。その上予想どおり雨が上がり、水はけの良いコースが乾きはじめるとペースはなおのこと上がりはじめた。

火山礫を圧《お》し固めたコースの状態は、高速で走り回るマシンによって次第に荒れてきた。それは思い切りインに殺到するコーナーでは特に目立つものになりつつあった。

コレダの伊藤光夫選手は序盤で転倒して姿を消していた。5周目ではマン島6位の谷口尚己選手が転倒し、その際に北野選手が一気にトップに躍り出た。それは正にあれよあれよという間の出来事だった。〝市販車に負けてはならじ！〟と猛追を開始した他のＲＣ１４２は、浅間のコースに馴れた北野選手の走りに、焦れば焦るほどついて行けず、雨を予想したギアレシオの選択と舗装路であるマン島仕様の装備が最後までたたりどおしだった。

14周、１３１キロと少しを北野選手は1時間24分10秒で走りきり優勝した。２位はＲＣ１４２の面目にかけて11秒差までつめよった鈴木淳三選手だった。

新しいヒーローの誕生だった。若干18歳、それまで名前さえ知られていなかった若者がマン島帰りの凱旋《がいせん》ライダーをおさえて優勝したのだから。大観衆は北野選手の名前を連呼し、表彰台のそばに殺到したのは当然だった。その北野選手の前では、15歳のデビューレースで2位を飾った経歴を持つ、オーツキ・ダンディ

伊藤光夫（１９３７年生まれ、写真中央）　１９５９年の第3回浅間火山レースではリタイア。しかし１９６３年、スズキのライダーとしてマン島ＴＴ50ccクラスに出場。このクラスでは日本人初の優勝だった。写真は浜松市内でＲＴ60（１２５cc）のテスト中の様子。

号の生沢徹の名前も薄れてしまった。

ホンダは予想通り、250ccライトウェイトクラスに並列4気筒DOHCの怪物をずらりと登場させた。荒川の土手に行けばこの怪物が走っているのを見ることは出来たし、東武東上線・和光駅の近くの特設コースに行けばそこでも見ることは出来た。特に和光の特設コースは浅間を想定して火山礫に似た石灰ガラを敷き詰めたコースで実戦さながらの練習が続いていたから、関東のオートバイ好きの間では、この怪物の存在は早くから有名で、あとはいつレースに出てくるのかが注目の的だったのだ。


どんよりと曇った空の下、スタート地点でウォームアップする怪物のエンジン音は、そこから離れた裏側のコースサイドまで響き渡った。そこに陣取る観衆の耳には遠い雷の音のように聞こえた。

午後になって高原特有の濃い霧が立ちこめる中を、1台、また1台と4気筒のマシンが重々しい音とともに姿を現しては消えて行った。

それは今までに誰も聞いたことのない音だった。4気筒といえば誰もが自動車のエンジン……直列縦置しか思わないというのに、それを横に置いた、というだけでも驚きだった。外国に4気筒のレーサーがあるということを知っている人だ

浅間火山レースの観客たちの風景を写しためずらしい写真。レースの会場は、高原特有の濃い霧が漂っていた。

ってまだ少なかったのだから、大観衆は一様にその音に陶酔し、ホンダの凄さを体で感じとっていた。

腹に沁《し》み入るような音の中に鋭い金属音がまじった。それは招待されてヤマハ２５０Ｓで4気筒に挑む野口種晴選手の、２ストロークマシンの音だった。怪物はパワーを充分に発揮出来ないらしかった。後輪はコーナーで激しくコースの土を跳ね飛ばし、ストレートではライダーは暴れる後輪と必死で格闘しなければならなかった。

野口選手にとってヤマハの操縦性の良さはパワーに勝る有効な武器だった。しなやかなフロントフォーク、軽量でスリムなヤマハは8周目で3位に浮上した。そのまま行けば北野選手と共に野口選手は市販車でファクトリーマシンに勝つのではないか、とさえ思わせる走りっぷりだった。

だが10周をこえたあたりからヤマハのエンジンは不調を訴えはじめて、怪物たちが次から次へとそれを抜いて行った。結果は怪物の圧勝だった。島崎貞夫選手は16周、約１５０キロを1時間29分28秒で走り切り、島崎選手の師匠ともいうべき田中健二郎選手は2位ながら１０７・８㎞／ｈの最高ラップを記録した。

野口選手は耐久ジュニア３５０ccクラスにも出場した。マシンは２５０Ｓのボ

ホンダRC160（1959年）
ホンダ初の250ccDOHC4気筒マシン。最高出力は14000回転で35馬力を発生。4気筒の排気音を聴いたことがなかった観客たちは大いに驚いた。〝浅間仕様〟はアップハンドルにブロックパターンのタイヤが装備される。

アを1ミリずつ拡げて260ccにしたマシンで、ライバルは305ccのドリームだったが、このレースでは2位のドリームに9分以上の大差をつけて優勝した。野口選手の活躍は、欠場のヤマハ・ファクトリーに対する観衆の不満を大いに和らげると同時に、北野選手と並んでヒーローとして人々を満足させた。

ホンダは実用車にSOHCを持ちこんだ成果に満足した。C70やC92の成功、さらにそれをベースにしたスポーツモデル、CR71やベンリイSSの量産にも絶対の自信を浅間で得ることが出来た。事実、ベンリイSSは浅間レースの前にCB92として発表されていたが、初期の生産モデルのほとんどは浅間に出場するクラブマンに優先して渡された。

特に有力ディーラーが抱えるライダーには製作所のメカニックが手を貸して、それぞれに特色ある手が加えられてベンリイSSとなった。

そのベンリイSSと北野元選手の胸のすく活躍は浅間以後、CB92に対する爆発的なオーダー殺到となって現れ、ホンダはその対応に全力をあげることになる。それにくらべればCR71は大量に生産されることになく終わった。C70をベースにしたとはいえ、共通部品がほとんどないCR71は第2回浅間火山レースでの惨敗をとり戻すためにつくられたモデルで、ギアトレーンによるSOHCエンジンは8800回転で24馬力を発揮していた。

ホンダはこのCR71によってヤマハが登場させるだろう並列2気筒の250Sを浅間仕様にチューンした市販レーサーと対決させて一挙に4ストロークの優位を証明しようと試みた。

ホンダはCR71の各部分に惜しげもなく高価な材料と加工技術を投入したために、発表された価格は23万円と、ほかの250ccの18万円台を大きく上回った。ホンダは浅間火山レースに出場する資格——すでに40台以上が市販された実績を持つこと——を満たすために生産したCR71をスピードクラブのライダーに渡した。これは〝浅間で勝つため〟には最も有効で適切な手段だった。結果として浅間でヤマハに肩すかしを食らったにせよ、CR71は上位10台のうち6台を占めた。優勝者はここでも北野元選手だったのである。

〝つくればつくるだけ赤字〟といわれたCR71は、ギアトレーンとマグネシウム合金製のパーツに改善すべき点があるために、浅間の勝利のあとも量産に移されることはなく、1960年9月に宇都宮飛行場で行なわれた第3回全日本クラブマンレースでの活躍を最後にその姿を消す。

したがってCR71はホンダの歴史の中で短命であり、生産台数も少ない市販車となった。ただしその戦歴はのちのCB72に、C70の経験とミックスして盛りこまれた。もしCR71とヤマハ250Sが本気でファクトリーが力を入れて激突し

ホンダドリームSS CB72（1960年）空冷4ストロークOHC2気筒247cc。C72のエンジンをベースに製作されたマシンで、エンジンは高回転型の「タイプⅠ」と、トルク重視型の「タイプⅡ」がある。ステップの位置が、バックステップに変更出来るなど、まさにスーパースポーツ車だった。

たら、1960年の全日本は面白かったに違いないが、残念ながらメーカー対抗の形をとる耐久レースは1959年の浅間が最後だった。

その理由はホンダのマン島での活躍に触発されて、各メーカーが世界へと目を向けはじめたことが第一といえる。

ホンダは1960年もマン島へ行くことを決めていた。河島喜好監督の「3年は行かせて下さい」という願いは不要だった。4バルブに無限ともいえる可能性を見出した宗一郎氏は〝勝つまで出場する〟と決心して決めていたからである。しかも1960年度はマン島だけでなく、ほかの世界GP戦にも出場することを発表した。

エンジンはもちろんだが、フレームとサスペンションについてはマン島での戦訓が大きく持ちこまれ、車体関係の技術者は、日夜を分かたない改善作業に追われることになる。

それはもはや改善ではなく、全く新しく最初からスタートし直すといったほうが適当だった。

ライダーが指摘する最大のものは、フロントサスペンションの仕様だった。高速コーナーリングでのボトムリンクサスペンションの動きは恐怖に近い、とライダーたちは笑いながら報告し、テレスコピックへの変更が決定した。

高速で走行するライダーたちに、ボトムリンク式のフロントサスペンションは、ストローク量が少ないなどの問題点が指摘された。

1960年の世界GP戦に参戦を決めたホンダは、125ccと250ccクラスはいうまでもなく、浅間の怪物RC160をベースとして開発されるマシンを使うことになる。

ただでさえ、とてつもなく長い道……世界GP戦を制する道にもう1本の道が加わった。

125ccと250ccの2本の道がそれだった。ホンダは3年後に狙いをつけはじめた。つまり1962年である。外国のメーカーが6年かかったことを3年でやろう、というのが宗一郎氏の目標だった。それは〝創意と工夫〟が全員に要求されることを意味していた。

デビューしたC70もC71も、CB92も順調きわまる成績をあげていた。状況としても1959年よりはずっと良かった。それが全員の士気を高めた。

「目標？　まずはMVだな。アグスタより速く走ることだな。耐久性はうちのほうがあるからあとはスピードだ。MZ？　うちは4ストで行くよ。2ストのほうが速いなんて夢にも思ったことはない。2ストはソーローみたいなもん、と思ってるから……」

宗一郎氏はそう言って笑った。

第3回浅間火山レース（1959年）表彰台に上がる入賞したライダーたち。1位から6位までを、ホンダのライダーが独占した。優勝者の足元には浅間火山レースで使われた賞品が置かれている。

1959年 浅間火山レース記録

125 cc耐久レース（14周）出場 21台（ホンダ，コレダ，トーハツ，クルザー各5，招待車 1）

着順	選手名	年令	所属	出場車名	タイム	平均時速
					時 分 秒	km
1	北野元	18	関西ホンダスピード	ベンリイSS	1. 24. 10	93.5
2	鈴木淳三	28	ホンダ	ベンリイRC142	1. 24. 21	93.2
3	藤井璋美	28	ホンダ	〃	1. 25. 33	91.9
4	福田貞夫	25	ホンダ	〃	1. 25. 42	91.6
5	市野三千雄	25	コレダ	コレダRB	1. 25. 49	91.4

250 cc 耐久レース（16周）出場車 17台（ホンダ 5，ライラック 4，グルーザー 5，招待車 2）

1	島崎貞夫	24	ホンダ	ドリームRC160	1. 29. 38	100.1
2	田中健次郎	28	〃	〃	1. 29. 39	100.1
3	鈴木義一	28	〃	〃	1. 29. 41	100.1
4	増田悦夫	22	ホンダスピード	ドリームRC 71	1. 31. 18	98.4
5	佐藤幸男	23	ホンダ	ドリームRC160	1. 31. 37	98.1

350 cc クラブマンレース（7周）出場車 15台（ドリーム 10，ヤマハ 2）

1	野口種晴	26	ノムラヤマハ	ヤマハS	41. 22	95.1
2	阿久津孝昌	24	東京ビーグル	ドリーム305	42. 00	91.4
3	高岡恭之	24	〃	ドリーム305	43. 45	89.7
4	本郷恭敏	19	フォーコン	ドリームCS 76	45. 24	84.5
5	大野宇佐夫	24	88	ドリームC 76	47. 00	83.6

250 cc クラブマンレース（5周）出場車 76台（ドリーム 18，ヤマハ 50）

1	北野元	18	関西ホンダスピード	ドリームSS	27. 04	103.6
2	増田悦夫	22	ホンダスピード	〃	27. 48	101.0
3	野口種晴	26	ノムラヤマハ	ヤマハYDS	27. 52	100.7
4	桑本博之	24	広島ベストライダー	ドリームSS	28. 24	98.7
5	南尚孝	21	東京オトキチ	〃	28. 38	98.1

200 cc クラブマンレース（4周）出場車 35台（ホンダ 10，ヤマハ 9，コジモーター 9）

1	桑本博之	24	広島ベストライダー	ホンダSS	23. 38	95.1
2	青木格	19	東新フライング	〃	23. 55	93.7
3	沼尻雅雄	23	東京オトキチ	〃	24. 10	92.8
4	丸茂高明	22	高崎オート	〃	24. 40	90.9
5	若林従一	27	千曲	〃	24, 40	90.9

125 cc クラブマンレース（4周）出場車 51台（ベンリイ 28，ヤマハ 16，トーハツ 3）

1	北野元	18	関西ホンダスピード	ベンリイSS	23. 55	93.7
2	増田悦夫	22	ホンダスピード	〃	24. 30	91.5
3	吉村喜光	18	東京オトキチ	〃	24. 55	90.1
4	沢畑実	19	日立ハイスピード	ベンリイC 90	25. 56	86.5
5	森下勲	21	城北ライダース	ヤマハYA1	26. 05	86.0

50 cc クラブマンレース（1周）出場車 23台（スーパーカブ 13，ヤマグチオートペット 7）

1	吉村喜光	17	東京オトキチ	スーパーカブ	8. 32	65.7
2	生沢徹	16	ギャルソン	〃	8. 43	64.3
3	飯島義二	24	高崎オート	〃	8. 56	62.8
4	奥津靱彦	23	ホンダスピード	〃	9. 09	62.3
5	西久保功	21	ABCスピード	ヤマグチオートペット	9. 15	60.6

国際クラブマンレース（10周）出場車 27台

1	石橋保	25	東京サイクロン	BSA 650—59	54. 32	102.9
2	中田義信	27	スポーツライダー	BSAスーパーロケット	55. 32	101.0
3	渥美実	22	ホンダスピード	ドリームCR 76	55. 40	100.7
4	砂子義一	27	ロアーヤマハ	ヤマハYDS	57. 10	98.1
5	大石秀夫	21	ロアーヤマハ	〃	59. 17	94.8

注　（　）は主な出場車とその数

第3回浅間火山レースの結果。（「ホンダ社報」1959年発行より）

第11章

マン島で学んだこと——GPマシンへの情熱——

スウェーデンGPにおいて、選手の激励に来た本田宗一郎(写真右)。高橋国光(手前)と田中健二郎に技術者の立場から指示をしている。

１９５９年のマン島から帰ったチームは、浅間で〝顔見せ〟をすませると休む間もなく、１９６０年用マシンの開発に日夜を分かたず没頭する。

「高速では振られてこわい」と選手に指摘されたフロントサスはテレスコピックにかえることになるが、エンジンは性能の安定に主力が注がれた。

１９６０年用の１２５cc、ＲＣ１４３のボア・ストロークは59年用のＲＣ１４２と同じ44×41、排気量も１２４・６ccと同じで、左側ベベルギアとシャフトによるカム駆動も同じだったが、エンジンは操安性と冷却効率向上を狙って35度前傾にマウントされた。

キャブレターは京浜製だが、フラットバルブからピストンバルブに変更され、フロート室別体で50度近い角度で取り付けられた。フラットバルブの場合は始動の時に癖があるから、ピストンバルブに変更されたのだ。

タンクの形も１９５９年の戦訓から、ロングタイプに変更され、テレスコピックの採用もあって、60年用のＲＣ１４３は、59年用のＲＣ１４２に比べて格段にスマートな外観を持つマシンに仕上がった。パワーは１万４０００回転で20馬力といわれたが、ＲＣ１４２は実戦で23馬力は出ていたといわれていた。だから、この数字が控えめなものだということはすぐにわかった。

ホンダＲＣ初のテレスコピックは、直進性と操縦性を考えて慎重に設計され

ホンダＲＣ１４３（１９６０年）ＲＣ１４２にさらに改良を加えたモデル。空冷４ストローク並列２気筒ＤＯＨＣ４バルブ１２４cc。カムシャフトはベベルギア駆動を採用していた。最高出力は１４０００回転時に23馬力を発生。車体も改良し、フロントサスペンションがテレスコピック化されている。

た。そのためにフロントアクスルはトレールを大きくとるようにオフセットされ、3段階に調整できるハイドロリック・ダンパーが装備された。

初のマン島で選手たちはスクリーンにぶつかる虫に視界を妨げられて閉口したが、その虫の死骸を拭き取るには濡らしたスポンジがいちばん有効、ということで左側グリップにそのためのスポンジを入れておく容器が取りつけられたのは面白いアイデアだった。この容器はその恰好から選手たちに〝タコツボ〟と呼ばれて重宝がられることになる。

操縦性を改善すれば60年もこのままいける、と考えられた125ccに比べれば、初出場の250ccは浅間で圧倒的なデビューを飾った4気筒RC160で大幅に手を入れなければならなかった。

河島喜好氏の談によると、「4気筒250ccはマン島から帰ってきてからわずか2ヶ月で設計試作を完了した」とあるが、ホンダの新機種開発のスピードの速さは定評がある、といってもこれは驚くべき速さ、と感心してしまう。

たとえば、その日に設計図を描く、すると翌日にはもうその部品が出来ている。というような速さがなければ、それは到底出来ないことで、「図面を待って木型屋さんに行って、つきっきりでつくってもらうと、今度は木型を持って鋳型屋さんに行って砂型をつくってもらう、といった具合でした」という話が、当時

レースマシンに取り付けられたゴム製の〝タコツボ〟。選手たちはスクリーンにぶつかった虫の死骸や汚れなどを拭き取るために濡れたスポンジをこの容器の中に入れていた。

の〝やらなければならない〟とそれぞれが燃えた姿を彷彿とさせる。

２ヵ月という短い時間で４気筒を浅間に送ることが出来たのは、44×41（㎜）のボア・ストロークでもわかるように、２気筒１２５ccのエンジンをふたつ並べて２５０ccにするという発想がスムーズに運んだからだ。

ＲＣ１６０のカムはエンジンの横のシャフトとベベルギアで駆動される方式だったが、マン島をにらんでクランクの中央からギアで駆動される方式に改められ、エンジンは１２５ccのＲＣ１４３と同様に35度前に傾けてマウントされた。

前述したが、キャブレターはピストンバルブ方式でフロート室は別体、しかもエンジンの35度前傾にともなって、マニホールドからの吸入抵抗を減らすために、水平から50度近い位置に持ち上げられた。

そのために大きな傾斜角度がついて、長いエアファンネルが必要となり、それをおさめるために23ℓ入りのタンクの下は大きくえぐられる形のものになった。

エンジンの35度前傾の目的は、４気筒ＲＣ１６１の場合、キャブレターの冷却にあったということはキャブレターの位置からも、理解出来るものになるだろう。

２気筒のＲＣ１４２はマン島で油温の上昇がみられたことから、ＲＣ１４３の容量２ℓのオイルパンには深いフィンが刻みこまれた。

ＲＣ１６１はシリンダーヘッドとキャブレターの冷却効果を狙って、タンクの下部が大きくえぐられている。フロントフォークもＲＣ１４３と同様にテレスコピック式に変更された。

108
HONDA
108

これは放熱量が段違いに大きい4気筒の場合はもっと徹底していた。RC161のエンジンは各部にわたってフィンが刻まれ、浅間で走ったRC160のエンジンの面影はあるものの、精悍《せいかん》さをぐっと増すものになった。このエンジンは1万4000回転で38馬力と公表されたが、浅間のRC160が35馬力と公表されたことから、ごく控えめの発表として受け止められた。

外国のレーサーの写真、そして参考に輸入されたモンディアルのレーサーを頼りにしてつくりあげたRC142は、マン島からさまざまな宿題を持ち帰ってきた。

1960年シーズン用のマシンたちが、いかにもGPマシンらしく感じられるのは、テレスコピックの採用と、日本人ライダーの実戦の経験からつくられたロングタンクが与える印象が強いからで、それに、より実戦的になったカウルが加わるからだ。

FRPがまだ使われない当時、ホンダのカウリングは研究所の名人の手で、アルミのシートから叩き出されたが、60年のシーズンに向けてこのカウリングは東大・航空研究所の風洞でライダーを乗せて空力を追求することになる。

「風洞を持っているところなんて東大くらいでしたから、予約で時間借りでした。それでもすごく好意的でして、時間を少しオーバーしても、日本酒を差し出

前頁写真解説
ホンダRC161(1960年)
4ストローク4気筒DOHC4バルブ249ccのエンジンは、カム駆動がベベルギア方式からスパーギアによるギアトレイン方式に変更され、エンジンも直立から前傾35度となった。性能面では、最高出力もさらに向上し、13300回転時に37・2馬力を発生。

すと目をつぶって手伝ってくれました」

ライダーがレーシングスーツに糸をいっぱいつけてマシンに跨ると、マシンはピアノ線で吊り上げられ、そして強風が吹きつけられる。糸の流れが乱れるとストップされて、待ち構えた名人がハンマーでカウリングの形を修正し、そしてまたテスト、といった繰り返しで、あの美しいカウリングが完成し、そのあと6気筒にまで使われて、ホンダのGPマシンの美しい仕上げのシンボルのようになっていくことになる。

研究所ではGPマシンに並行して、もうひとつ違うマシンがつくられた。それは前の年にCB95がマン島に送られて、コースに馴れる練習用として活躍し、好評だったことからつくられたもので、スペシャルフレームにC70系のエンジンをチューンして載せたマシンだった。

このマシンも当然テレスコピックで、残っている写真を見ると、まるでCB72のプロトタイプのように見える美しいマシンだ。違うところといえばマン島を走るために実戦的なロングタンクをつけていることだが、このタンクの後端はオイルタンク、そして熱くなるオイルからライダーの膝を守るために軽減孔の空いたアルミ製のニーグリップがついていることだろう。

また、タンクの中には隔壁が工夫を凝らしてつけられた。これはマン島で残量

東京大学にて風洞実験の様子。風に流れる糸の動きをもとに、空気の流れを判断しながらカウリング形状の研究をした。

が少なくなるにつれて急制動急加速時のガソリンの急激な移動がないように考えられたものだった。

残量が少なくなって急激にガソリンが前に行ったとする、その場合、キャブレターへの供給が一瞬でも絶えるとすれば致命的だから、この隔壁はそのようなことがないように何度も何度もテストされたあとで、タンクの中にセットされた。そして、それでも万一を考えてタンクの下に小さな〝溜め〟がつけられた。こうしておけば最悪の場合でも、この〝溜め〟の中にあるガソリンがキャブレターに息継ぎをさせることが無いからだった。

着々と準備が進んだホンダは、60年も日本人ライダーだけで戦う方針だった。2度目だから日本人ライダーだけで昨年以上の成績は上げられる、という確信があり、マシンにも加えられるだけの手は加えた。ホンダのマシンだからホンダの人間の手で、というのが願いであり、59年の浅間でファクトリーにひと泡吹かせた北野元選手が加えられたことも、そういった姿勢の表れだったのである。

ホンダは、〝俺は俺でやる〟宗一郎氏のもとで、「良品を安く」というモットーで混迷の1950年代後半を乗り切った。1960年代は世界中に〝日本のホンダ〟の名前を知らせることが目的だった。そのための2回目の旅立ちの日は待ったなしにやって来た。

第12章

マン島帰りのホンダ——本田宗一郎氏と鈴木俊三氏——

1954年、富士登山レースで優勝した山下林作選手。マシンはコレダ号。

河島喜好監督は後年、「1959年のマン島で、125が終わるとすぐに帰国したことは失敗だった」と述懐しているが、圧倒的なパワーとスピードを見せつけられてしまえば、一日でも早く帰国して、来年に向けて手を尽くさなければ……と思うのが本音で、あとの500ccクラスは、見たとしてもそれほどプラスに働いたかといえば、決してそうではなかったと思う。

1955年、第1回浅間火山レースの敗北の際に、「今後レースには出場せず、実用車づくりに専念する」という声明を出した首脳陣を口説き落として、三年ぶりにつくりあげた技術者たちの努力の結晶だったのだ。

もともと堅実第一主義のスズキが第1回浅間火山レースに参加したのは、それまでの富士登山レースで自社のオートバイが好成績をおさめていたことからの自信と、耐久性向上のためのレースなのだから、出場しないメーカーは真のメーカーではない、といった盛りあがりに加わって、あわよくば優勝を狙える、という目論見《もくろみ》があったからだ。

第1回の浅間火山レースに、スズキは発売間もないが好評のSTをベースにしたSTレーサーを送りこんだ。ノーマルのボア・ストローク52×58(㎜)を52×50(㎜)にしたスペシャルマシンは、早くもスイングアームを装備していた。

スズキ コレダSTⅡ(1955年) 空冷2ストローク単気筒で、排気量123ccのエンジンは、5500回転時に5・5馬力を発生。最高速度は時速85㎞という性能だった。

だがスズキは新参のヤマハに負けた。原因は練習量にあった。実用車がこれからも大切な役割を果たす、と考えていたスズキは、ヤマハが浅間レースのために数千万円をかけた、と聞いても関心を示さなかった。

それだけの費用をレースに投ずるならば、そのぶんを優秀な実用車づくりに向けよう、という考えのほうが強かった。

STに携わった技術者たちとライダーにとって、浅間は悔いの残るものになった。なぜ、総力を傾注しなかったのか、なぜもっと早くから練習しなかったのか、そういった思いが、敗れたりとはいえYA－1の後を追い続け、ひとかたまりになってゴールインした3台のコレダの姿にだぶった。

声明のとおり、それからの浅間にスズキが姿を見せることはなかった。

1956年に当時、専務だった鈴木俊三氏はヨーロッパのオートバイ事情を知るために組織された視察団の団長として渡欧するが、帰国後、モペッドの生産を指示したことからも推測できるように、スズキはヨーロッパのスポーティなオートバイよりも、タウンユースのモペッドに注目したのだった。

1958年5月のスズモペットSMがヨーロッパ視察後のひとつの回答だった。アクセル操作ひとつでスピードをコントロールするSMは、操作が簡単なことから良く売れる車種になるはずだった。

スズキ スズモペットSM（1958年） 空冷2ストローク単気筒50cc。MOTOR（エンジン）とPEDAL（ペダル）の組み合わせを由来とした〝モペッド〟は、日本のメーカーの代表者たちがヨーロッパ視察で知り得た新しい乗り物だった。

だが、スズモペットＳＭの発表後、わずか3ヵ月しかたたない8月にホンダが発売したスーパーカブＣ１００はＳＭの前に大きく立ちはだかった。かたや2ストローク2馬力、かたや4ストローク4・5馬力、というパワーの差。さらにクラッチ無しの3速ギアを持つスーパーカブＣ１００の登場は、スズモペットの影を一挙に薄くしてしまった。スズモペットＳＭは、あまりにもヨーロッパの〝モペッド〟の定義に忠実すぎた。ペダルがついていれば免許と税金の双方で優遇措置を受けられるヨーロッパと違って、日本では50ccであればその双方が厳然として存在し、ペダルつきモペッドのメリットは一切なかった。

本田宗一郎氏も視察旅行中にモペッドに注目し、帰国後すぐに開発を命じたが、その中にひとことだけ付け加えた。それは「日本のモペッドを創造しろ」ということだった。

堅実と創造はしばしば両立しない。とはいえ、スズキは浅間でヤマハによって味あわされた以上の苦汁を味わうことになる。

そして時代は〝レースに出ないスズキ〟に不利な状況をつくりつつあった。１９５７年、１９５９年と続く浅間火山レースは大観衆を集め、好成績をおさめたオートバイの売上げは目に見えて増えていった。ここに至ってようやくスズキもレースのもたらすプラスを認めざるを得ず、浅間への復帰を発表する。狙うは

ホンダ スーパーカブＣ１００（１９５８年）空冷4ストローク単気筒ＯＨＶ49cc。９５００回転時に4・5馬力を発生するエンジンは、従来の50ccオートバイの倍程度の出力だった。モペッド特有のペダルを廃止し、その扱いやすさで他を圧倒し、以後月産1万台以上の爆発的な売れ行きを記録した。

125cc、つまり2ストロークの先発メーカーの面目をかけてのヤマハへの雪《せっ》辱戦《じょくせん》だった。

ベースになるマシンは、レースを諦めきれない人たちの手によって研究が続けられていた単気筒125ccで、鈴木俊三社長の復帰宣言が出ると一気に浮上し、実現に向かった。ぼくはこのコレダRBこそが〝浅間で一番美しいレーサー〟だと思っている。

レースは大健闘だった。しかしこのコレダRBも、〝マン島帰りのホンダ〟の前では、満足のゆく結果を出すことが出来なかった。馴れないダート、そしてレース運び、駆け引きといったものを、もう少し詰めてゆけば、さらに上位への進出が可能だと誰もが思った。

浅間が終わったあとのある日、東京駅から浜松への急行に乗った鈴木俊三社長は、本田宗一郎社長と顔を合わせる。浜松への車中で宗一郎氏は「世界へ出ろ」と説いた。

「うちの連中も、おたくにはタジタジだった。みんなRBは速い、と感心していましたよ。これからは日本だけにこだわっていては駄目です。世界に目を向けるべきです。うちを見なさい。来年も再来年も出ます。だから一緒に出ましょ

スズキ コレダセルツインSB（1959年） 空冷2ストローク2気筒123cc 7000回転時10馬力。イタリアのルーミを参考に、独自に開発した2気筒エンジン車として登場。1960年にはマン島TT出場のレーサーにならって2キャブ仕様のSB2Aとなる。

1955年、第1回浅間高原レースにて。スズキはコレダST型をチューニングしたマシンで出場し、4位に入賞した。右から二番目はその後、数々のレースで活躍した市野三千雄。

う」

宗一郎氏が「おたくのＲＢは速いね」と言ったのは、決して社交辞令ではなかった。二周目に入るストレートで伊藤光夫選手がＲＣ１４２に乗る谷口選手を追い抜いたシーンが強烈に残っていたからだった。

いずれにしても宗一郎氏の会話が鈴木俊三氏にひとつのサジェスチョンになったであろうことは想像出来る。鈴木俊三氏は浜松に帰ると熟慮《じゅくりょ》のあと、「マン島出場宣言」の号令を発表した。

ただし、「４ヵ月以内にマシンを完成させること」が絶対の条件として加えられた。４ヵ月でつくることよりも、世界に出ることのほうが技術者を狂喜させた。

その結果、セルツインＳＢをベースとし、ＲＴと呼ばれるエンジンを完成させる。出力は1万１０００回転で13馬力を発生した。

正月休みなしで製作が続けられたＲＴは、完成しても走る場所がなかった。ＲＢなら近くの公道を走っても大目に見てもらえたが、完全なレーシングマシンともなれば、いくら地元でもそれは許されることはなかった。

困惑するスズキに宗一郎氏が声をかけた。「よかったらうちのコースを使いな

スズキＲＴ60（１９６０年）
ホンダの荒川テストコースでテストを実施し、完成したのがＲＴ60だったという。セルツインＳＢをベースにチューニングし、１９６０年のマン島ＴＴに出場したライダーの市野三千雄は16位完走という記録を残した。

さいよ」

荒川の土手の下、例のストレートで4ストロークの音に混じって、かん高い2ストロークの音が弾けるように響いた。

〝敵に塩を送る〟故事と同じように、将来ライバルになるかもしれない相手にコースを貸し、そのコースを2台のRTが走りはじめたのであった。

そして、その同じコースの上を125ccと250ccのホンダのマシンが走った。

マン島におけるスズキチームの様子(1961年)。スズキは1961年にもマン島TTに出場。一度は浅間レース撤退宣言を発したスズキだったが、レース活動に復帰を果たした。

第13章

1960年、マン島——デュークの〝手引書〟——

1960年にホンダは125ccと250ccの両クラス、しかもマン島から後の全レースに出場を決定していた。その分だけマシンには改良が加えられていた。ボトムリンクはテレスコピックに変更され、風洞実験から生まれたカウリングは、より洗練されていた。

250ccのRC161は、昭和34年（1959年）の浅間で全ての観衆を魅了し尽くした4気筒RC160を根本的に改良したマシンだったが、125ccのRC143と共通する改良点は、エンジンが35度前後のマウントになったことだろう。

エンジンを前傾させれば、その分だけエンジン高は低くなり、重心を下げて走行安定性を増すことが出来るが、同時にキャブレターの冷却効果も上げることが出来た。

マン島のコーナーに対応するための全ての改良はタンクの形状にまで及んで、以後ホンダワークスのひとつの特徴となるロングタンクが採用されていた。

全てが緒戦のマン島に、焦点を合わせて準備を進めていたホンダにひとつの衝撃を与えたのは、1960年のマン島TTはマウンテンコースを使用する、というACUからの通知だった。

グランプリコース1周17・36㎞、マウンテンコースが1周60・7㎞、その差が

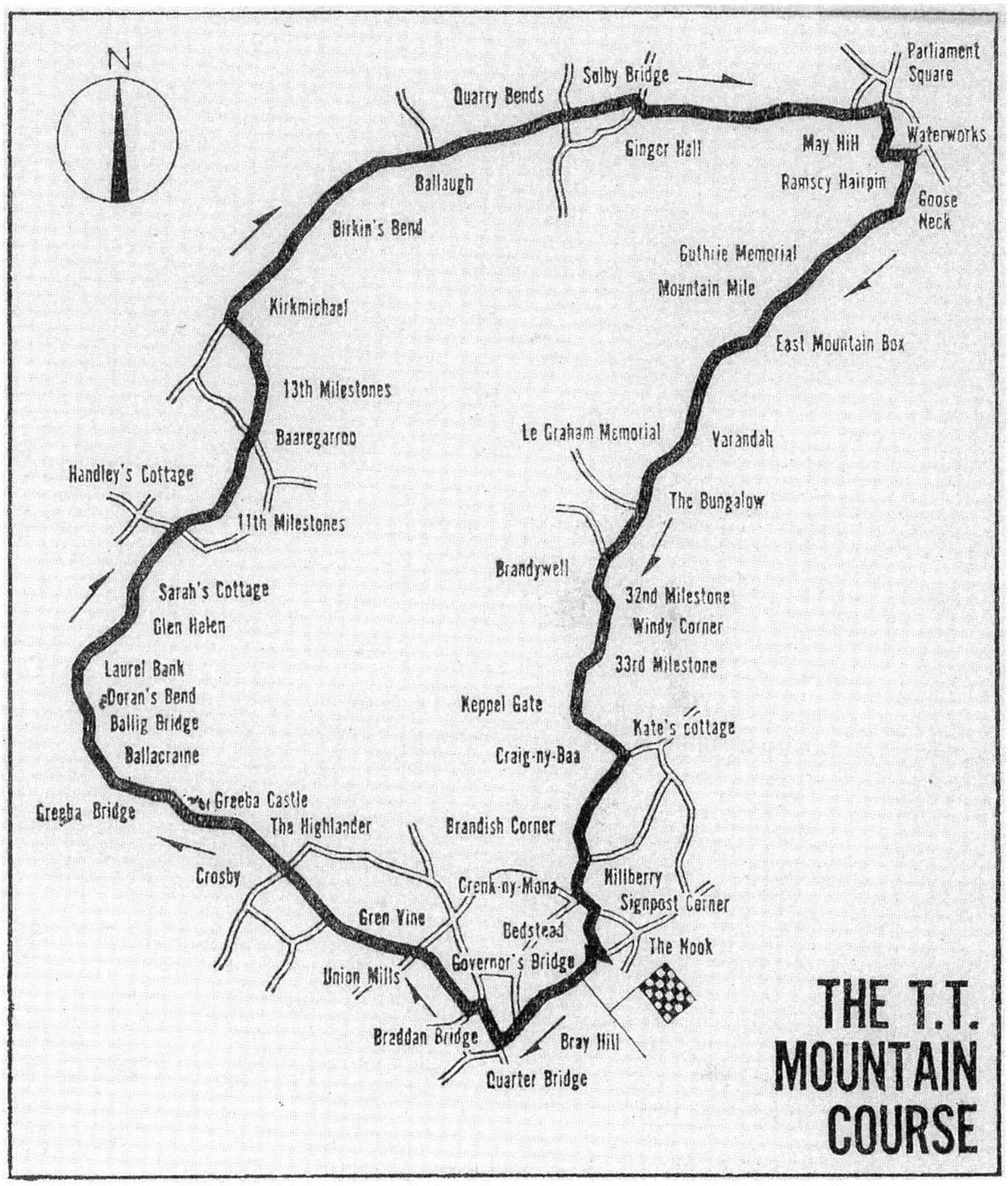

マン島のマウンテンコースは11戦催されたグランプリの中で、最も過酷な難コースだった。1周60.37kmのコースには合計219のカーブがあり、標高差は約410mもある。ライダーはつねに上り下り、カーブを曲がることを要求される。

示すコース変更は、もちろんコースの難易度も格段にマウンテンコースのほうが高いことも意味するものだった。そのこと自体はさておいたとしても、前年のクリプスコースさえ難しいと感じたライダーは、またしても未知のコースを走らなければならない緊張から逃れることは出来なかった。

河島喜好氏もその点にいちばん心を痛めた。ホンダのマシンだからホンダマンによって走らせたい。という考えは不変だったが、マウンテンコースを熟知しているライダーなら外国人でもホンダに乗せたい、と思ったのは日本を出発する数ヵ月前のことで、そこへトム・フィリスから「ホンダに乗りたい」という連絡があった。もっともフィリスは「マン島で」と付け加えていたから、マン島だけの契約を交わすことになった。

ホンダはさらに現地でボブ・ブラウンとも契約するが、決して超一流のライダーではなかった。といっても誤解のないように書いておくが、トム・フィリスとボブ・ブラウンの腕が一流ではない、というわけでは決してない。

超一流というのは、たとえばMVアグスタのウビアリ、ホッキング、そしてタベリ。MZでいえばアンダーソンといった当時無比のワークスマシンに契約ライダーとして乗る人たちであって、そういう人たちの他にも契約ライダーにはなれなくても、超一流の腕を持つライダーはたくさんいた。

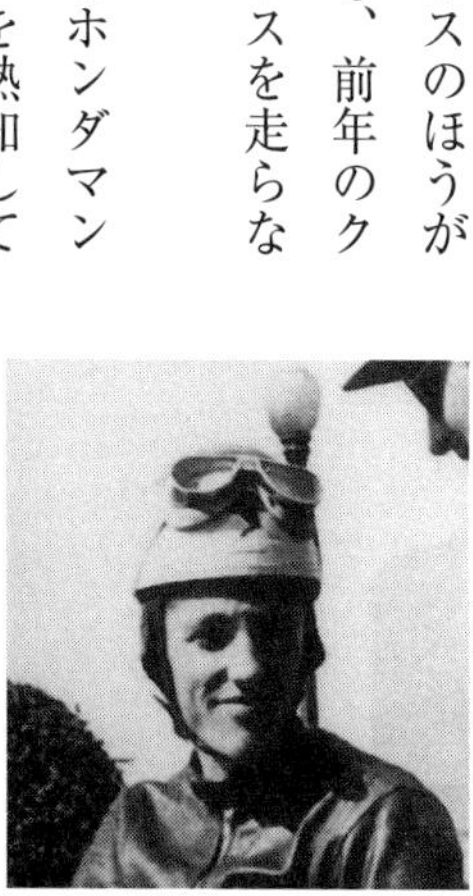

トム・フィリス（1934年生まれ）1959年、マン島TTレースに初めて出場し、参加。1960年よりホンダチームに1961年度世界チャンピオンとなる。オーストラリア出身で、ヘルメットに付けたカンガルーのマークがトレードマーク。

契約ライダーを目指すプライベートライダーはたくさんいて、フィリスとブラウンはその中のふたりだった。

本田宗一郎氏は「なぁに、そのうちにこっちが鐘や太鼓を叩かなくても、乗せてくれと言ってくる外国人が出てくるさ。そうしたら乗せてやればいいんだよ」と河島氏に言っていたが、その日は予想外に早くやって来たのだ。

意地の悪い解釈をすれば、フィリスもブラウンも〝ホンダでなくても契約してくれるなら、スズキでもよかった〟ことになるのかもしれないが、結果としてホンダは良い人物に巡《めぐ》り合うことになり、フィリスもブラウンもレース中の不慮《ふりょ》の事故による死亡で、ホンダとの時期は短かったけれども、ホンダのレース史の中に大きな存在として残ることになるのだから、人と人との縁というものの不思議さを思わないわけにはいかないだろう。


ともかく、このふたりのライダーに共通していたことはメカに詳しいことだった。

それもプライベートライダーとしての長い経験が培ったものであるだけに、貴重なものをホンダにもたらした。とくにボブ・ブラウンは走ることについても積極的に教えた。

ホンダのライダーたちは、マウンテンコースを走る〝手引書〟をそれぞれが持っていた。それはジェフ・デュークが各コーナーの写真に自分の経験からライン取りと注意を書きこんだものだった。それはスタート直後から懇切《こんせつ》をきわめていた。

たとえばスタート後、すぐ右へ下りながら曲がりこむブレイヒルについてはこう書いてある。

「道路の中央を下れ。目標は目の前に突き出ている左手の道路の縁石。その縁石の直近を沿うようにして真っ直ぐに走れ」

「下りきった丘のふもとのマンホールのフタと、道路縁石の中央を狙え。フタと縁石との間隔は約45センチである」

スタート直後の下り坂は当然アクセル全開だ。すぐ先のカーブに備えて左の縁石ぎりぎりを狙えというのはわかるし、その次には右の縁石を狙え、というのもわかる。ただし、そこにはマンホールのフタが若干の丸みをもって出ているわけだ。もろに乗ればスリップしかねない。といってマンホールの外側を狙ったのでは次のカーブをこなしきれない。だからマンホールのフタと縁石の間の45センチを通過しろ、とデュークは言うのだ。

「いやぁ、こわいですよ。全開全速で坂を下って行く。狙えと言われた45セン

チの幅は針のメドみたいなものです。おまけにそれがある所は下りきった底なのです。マシンは荷重を受けて沈みこんだ状態になります。ブラウンは正確にそこを通過してみせるんです。そして我々にそれをやれと言い、徹底的に走らせました。ブレイヒルだけでなくて、どのコーナーもそうでした。オレのあとをついて走れ、ということです」

島崎貞夫選手はそのときのことを、こう語ってくれたが、本番になると、その45センチしかない最も安全で確率の高い幅に、われ先にと殺到するのだから〝こわい〟という言葉には実感がこもる。

次のクォーターブリッジではこうだ。

「思いっきり道路の左側に寄ったところから近づいて行き（右コーナーの頂点のこと）……ちょうど喫茶店を過ぎたところからローギアとクラッチワークを使いながらマシンを右に傾け始めよ」

「そして道路標識の前の縁石を曲がるときの頂点として走り抜けよ。ただし、ここからの加速は充分注意して行なえ。特に路面が濡れているときは、路面の傾斜が逆になっていることを忘れるな」言うまでもなく〝逆バンク〟なのだ。

さらに次のブラッダンブリッジに向かおう。

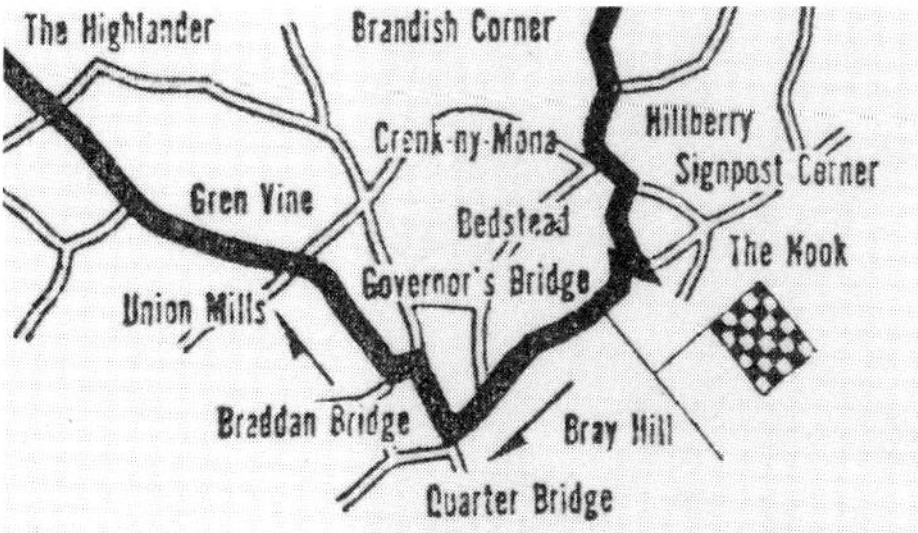

「クォーターブリッジから路面の右側を通って来たら、やや速度を落としながら左側に向きをかえて行け。ただし、あまりに左に近寄りすぎると左側の橋の手すりにマシンをぶつけるから注意」

「橋の最高地（注・タイコ状に盛り上がっている橋だから）で、すばやく右に向きをかえると、あとは反対側の舗装の縁石に向かって道路は傾斜している。クォーターブリッジに入るときはローギアを使用して約65km／h、出るときは約110km／hにすべし」

次のユニオン・ミルスにいこう。

「セカンド・ギアにして約110km／hに加速しながら、道路の左から中央を横切って入る。小屋の向こうにある壁のほうへはらむことのないように、あまりハイスピードで進入しないことが大切だ。橋の最高地点までは道路の中央を行け。そこで左に傾けながら製粉所のすぐそばまでは思いっきり左側を進め。そうしないと出口で道路からはみ出す。速度は135～145km／h」

こういった記述はバラクレイン・ラウレルバンク、第11マイルストーン、ハンドレイジ・コテイジ、と続くが、第13マイルストーンではこうなる。

「コース中、最高速を出せる区間である。道路の右側にマシンを位置させることが必要である。バーリーガルーからの下り坂の後半で道路を横切ってはいけない。石壁のあるところまでは右側の溝のところを走れ。道路の局面を最大限に利用して、出来るだけ内側石壁のそばを狙って走れ。この道は全部下りっぱなし。速度は常に２１０㎞／ｈ以上を保つように」

　そして次のカークミッチェルでは、「接近する際に注意すべき重要なことは、ここが下り坂だということを忘れぬことである。だから最初思ったより、少し早めに左から突っこんで行け。このコーナーはセカンドギアを使用、速度は１２０～１３０㎞／ｈだが、壁を通り越したらすぐにマシンを真っ直ぐにしてサードギア、約１４５㎞／ｈでこの湾曲を抜け出ること」

　カークミッチェルの右カーブをこなしたマシンはすぐにバラフブリッジにさしかかる。

「右端からローギアで突っこめ。車を真っ直ぐに立てたら、左にするどくハンドルを切って道路と並行に走れば、橋の最高部は穏やかに越えることが出来る。といってもかなり飛び上がるから、ジャンプする前に二点接地を安全にするために速度をちょっとだけ落とせ。接地したらただちに右にバンクし、右手に突出している低い壁のすぐそばを通るようにせよ」

「次のクォーリー・ベントはカーブが連続している。サードギアを使用し、約１６０㎞／ｈで極端なほど道路の右端から突っこんで行き、出来るだけ大きく左

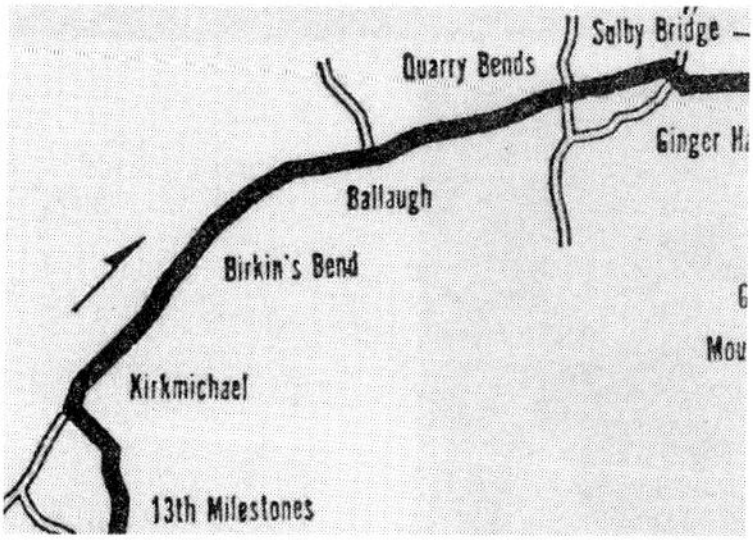

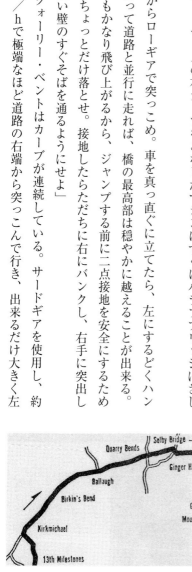

へ切って曲がるようにせよ。この地点でマシンは縁石から約90センチの所を通るようにし、また道路の左半分を占める小山を避けるために、速度は抑えるべきだ。そうすれば次に続く右カーブに対し、素早く確実な姿勢をとることが可能である」

「サルビイブリッジのコーナーに対してはエンジンブレーキとブレーキによる減速をしながら、出来るだけ歩道の近くへ寄って行け。コーナーにおける路上曲面の傾斜を有利に、充分に利用せよ。ローギアとクラッチワークを使え。橋を渡った〝きわ〟で路面は鋭く傾斜しているから、外側にはらむことを避けよ」

「約110km/hで右からギンガーホールに入る。このコーナーはやりにくい。セカンドギア使用。サルビイブリッジから減速せずにくるが、左側に曲がりかける寸前に、ちょっと速度を落とせ。エンジンを吹かしながらマシンを寝かせて、コーナーの最端を通るから電柱に頭をぶつけぬよう、マシンを起こしておくタイミングが必要だ。出るときは右手前の溝に落ちぬように注意しながら速度は約120km/h」

「パーリアメントスクエアーではクラッチを切って惰力で右回りに入る。回り切れずに左に寄ることのないように速度を充分に落とすこと。そうしなければ、かえって鋭く回らなければならず、時間もかかることになる。抜けたらクラッチをつなぎ、ローギアで加速、左カーブを終えたら80km／hでセカンドギアに変速」

「メイ・ヒルには道路左の縁石ぎりぎりからセカンドギアで充分な余裕を持って入ること。忘れてはならないことは、このカーブはぐるりと迂回していて〝まだか、まだか〟というカーブだということ。したがって右道路の縁にあまり早く突っこむべきではない。カーブはまだまだ続くうえに、恐ろしく不利な路面のために、小山に乗り上げそうになるからだ」

「ラムゼイ・ヘアピンは上り坂の上にあるからブレーキは少し遅れても大丈夫だ。ローギアで約30～35km／hで回りはじめよ。カーブの頂点をこするようにマシンを繰ること。そしてヘアピンを曲がる際に、加速に有利な傾きを最大限に活用すること」

「グースネックへはローギア、半クラッチを使いながら約50km／hで入る。カーブの曲がり方は非常に急だから方向の転換はじっくりすべきである。カーブを出たからといってマシンが立ち上がるほど、いっぱいにエンジンを吹かすべきではない。後輪がはみ出す危険がある」

「バンガローはローギア、約4500回転で右側から横切りながら、左手の草むらの端をかすめて通るように神経を集中せよ。道路の中央で電車の線路を渡

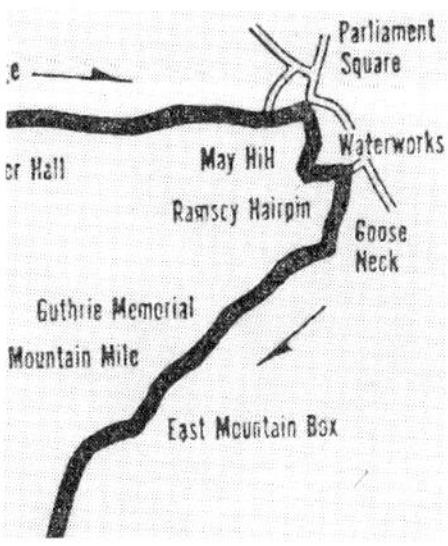

12

DUNLOP

れ。あまり速度が速すぎると喫茶店の柱のほうへマシンを持っていかれる危険がある。マウンテンコース中の最高地点を目指す上り坂に対してサードに変速し、加速せよ」

「ウィンディコーナーにはセカンドギア、速度は約95㎞／hで入れ。カーブの頂点へ出来るだけ近づくようにすれば、小さな傾斜を充分に利用することが出来る。ただし、路面が濡れているとき、ここは非常に滑りやすいから注意。サードギアに入れよ」

「第33マイルストーンには二つのコーナーがある。最初のコーナーに入るときの位置は道路右側から約1・2メートルのところで、サードで全開。約180～185㎞／h。この場所では曲がり角に余り近づきすぎぬこと。近づきすぎると次のカーブで不利な位置をとることになる」

「ケイトコテージでは、自分で〝今日はマシンによく乗れている〟と思うとき、手荒く右側の壁までマシンを寄せることが許される。もし、そうでないときは壁から90センチは離れるべきだ。サードギアで185㎞／h。コーナーを出るときは道路の黄色い中央線の右側30センチのところを狙え。この部分だけは右側の土堤近くの不利な路面でも相当のスピードが出る。直進に入ったらすぐにトップに入れよ」

観客スタンド前を駆け抜けるトム・フィリス。（写真上）
ガバナーズブリッジは速度を時速10～15㎞まで落とし、超低速で曲がってゆくことが指南されている。（写真下）

「クレッグニーバーへは、下り坂を高速で走って来るのだから、充分にブレーキをかけて約55㎞／hに落とし、左側にマシンを引き寄せる。左側の土堤が切れているところでクラッチワークを使いながら直角に曲がるべく、鋭くハンドルを切る。コーナーを過ぎたら70～80㎞／hに加速する。右手の壁が肩すれすれのところを通るだろう」

「ブランディッシュコーナーに近づいたら、ガッチリとブレーキをかけること。グレッグニーバーで使ったばかりのブレーキはまだ熱を持っていて、効きが悪くなっていることを忘れるな。制動力が再び最大能力を発揮するのは、おそらく再びクォーターブリッジに着くころだろう。セカンドギア、約95㎞／hでコーナーを通る」

「ヒルベリーには充分な余裕をもって接近し、サードに落としてマシンを右に傾けはじめよ。トップで通れないこともないが、すぐ先のクロンクニイモナの上り坂でスピードが落ちるから、いずれにしてもサードを使うことになる。内側の路面は荒れているから、カーブの頂点から約90センチ離れたところを通れ。サード全開の約185㎞／h。カーブの草地をかすめて通ったら、あとは直進のみ」

「サインポストコーナーへの下り坂は蛇行しているのだから、くれぐれもブレーキを忘れるな。路面のバンクを充分に利用してマシンを塀の方へ向けよ。半ク

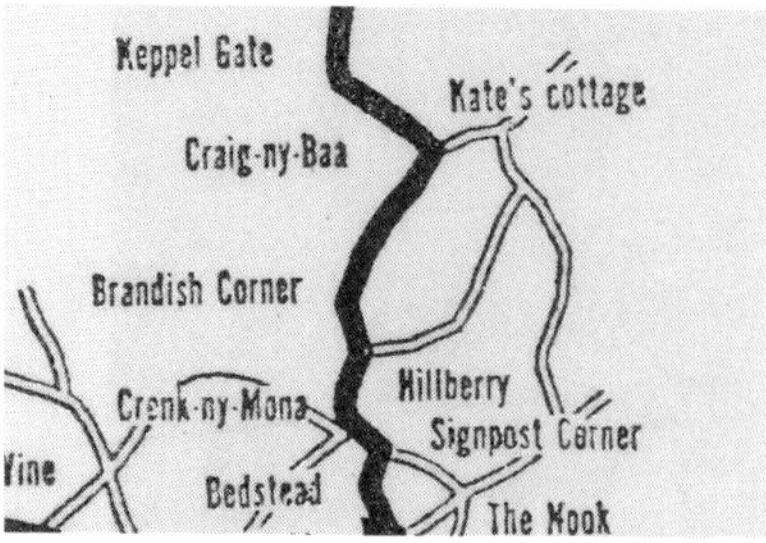

ラッチのまま、約55km／hで進行。このような、ゆるやかなカーブのときには、あまり固くなる必要はない。早くここを抜けだすことに専心すべきである」

「ベッドステッドコーナーは路面のバンクが非常に急だから、右手の溝の外側、つまり土堤と黄色い中央線の中間ラインをとることが賢明である。このコーナーでは90～95km／h、セカンドギアを使用するか、このあとに続く短い区間ではサードを使うことが出来る」

「ザ・ヌックにはローギアでクラッチを滑らせずに65km／hくらいで進入せよ。道路が乾いている時は道路に小さく、キラキラ光るものを見当にして突っこむ。それはカーブの入り際の、ちょうど内側にある。旋回は道路の中央ですむように努力すること。そうすれば右側の深い溝に落ちそうになることもなく、次のガバナーズブリッジに入るときに左側に寄ることが楽になる」

「ガバナーズブリッジには側いっぱいに寄って入る。ただし路面はツルツルしていて滑りやすいから注意すること。出来るだけ大回りしてクラッチを切り、15km／hくらいの低速で旋回すること。道路をあまりいっぱいに使うと、左側に路面が落ちこんでいるためにマシンがコースからはみ出しやすい。ここでは約30km／h。そしてこの場所で先行するマシンを抜こう、などと焦らないほうがいい」

この手引書は各選手が日本にいるときに渡された。そして片時も離さずに持ち歩かれ、読む時間があればトイレの中でも読まれ、まだ見たことのない主要なコーナーのひとつひとつは各選手の頭の中に叩きこまれていった。

デュークは1周60・37㎞の〝魔の60キロ〟で勝つ秘訣をこう教えた。

「勝つということは、人より早い時間で走ることだ。出来るだけ短いタイムで走るには、出来るだけ短い距離を走ることだ」と述べた。

オーバースピードによるはらみ、ライン取りの未熟さによる大回りを、デュークは〝最大の遠回りのひとつ〟と教えた。コーナーではぎりぎりのインにつけ。そして60㎞を60㎞、またはそれ以下の距離で走れ、と彼は説いた。そしてデュークは、「この手引書をまともに信じ、実行してはいけない」と固く言い置いた。なぜならこれはデューク自身が1950年に最良の条件のもとで、最良のノートン500ccレーサーで走ったときの経験に基《もとづ》いたものだからで、これをそのまま諸君のベストラップを樹立するための手引きとするのは危険だ、という理由からだった。

ボブ・ブラウンも、最短の距離を走ることがタイムを稼ぐ最良の手段だということを熱心に教えた。出来る限りの努力をしてMVに近付くことが出来た、と確信していたRC143だったが、1年振りに見るMVは昨年よりはるかにパワフルだった。

18馬力から20馬力へのパワーアップは、そう容易なことではなかった。にもかかわらず、MVは20馬力を超えていた。ブラウンは「パワーだけが全てではない」と選手たちを励ました。アウトいっぱいからインぎりぎりをかすめる猛練習が続けられた。

1907年、マン島TTが初めて行なわれたのは、アイリッシュ海に浮かぶ、この小さな島が英国本土と違う独立したマンクス議会によって治められ、それゆえに本国の厳しい速度制限が、この島に及ばないでいたことが大きな理由だった。

そのために二輪車よりも先に、四輪車がこの島に上陸してスペシャルステージで速さを競っていた。そういった背景があったからこそ、1907年のオートバイによるTTレースは、島の人々に反対もなく迎え入れられた。

反対どころではなく、島の人たちはすでに島の〝若いもん〟が持ちこんだオートバイで、村の中を走り回ることから、オートバイの方が自動車より速いことも充分に承知していた。

バイキングの子孫たちの島、といわれるマン島の住民は、ひょっとすると大き

レース1週間前になると、このような1920年代のオートバイが町中を走り回る。

な帆船を小さなバイキング船で追ったという先祖の話しを、小さいが速いオートバイの上に重ねて、ライダーの冒険心と蛮勇《ばんゆう》を歓迎したのかもしれない。だから村の長は主催者のACCにこう言った。

「はりきりすぎて、ぶつかったりすると危ないから電柱はみんな取り払ってしまおう」ACCはこう答えた。「それほどまでしていただかなくても……」

村の長は再び言った。

「電柱といったって数は少ないし、村の衆を集めれば一日もかからないで取り払えるさ。競走が終わったら、また立てればいい。なぁに、ちょっと掘って危なくないところに寄せればいいんだ。元に戻すのも一日あれば大丈夫だ。もし、ぶつかったとしてごらん。二日で治るような怪我ではすまないんだよ」

ACCはその配慮に感謝し、無下に断ることの非礼を避けて〝危ないと思われるところ〟の数本を移動してもらうことにした。結局、マシンのスピードが出ないこともあって、電柱にぶつかるようなことは皆無だったが、それから何十年も経った今、電柱はいたるところに林立し、その上、激しい風を避けるために家々の多くは石塀を張り巡らせていた。それもマン島特産の、薄いスレートのような石を積み上げたもので、それらの1枚1枚は鋭角のままだったから、もしそこに

ライダーたちは塀のぎりぎりの場所を走るように指示された。

体が激突でもしようものなら、体がズタズタになるような代物だった。

にもかかわらず、デュークは「電柱に頭をぶつけぬようにしろ」「塀にぶちあたらぬようにしろ」と説《と》きながら、ぎりぎりを通過することの必要を強調していた。

ボブ・ブラウンは「パワーが少なく、スピードが劣っていても、そのコーナーをつくときにプラスにかえることも出来る。それも比較的イージーにだよ」と笑い、「焦るな。無理をするな。追い越しは気をつけろ。周回遅れに追いついたときは特に気をつけろ」と、口をすっぱくして言った。

日に日に速くなるホンダを見て、「ホンダに乗りたい」と言ってくるライダーが続いた。

ジョン・ハートルとジム・レッドマンがその中にいた。

200以上の、それぞれが異なるカーブ。高低差600メートル、一般公道でのレース。早朝から時間を割り当てられての公式練習、その中でRC143もRC161も改善すべき場所をいくつもいくつも提示した。それはRC161のほうに多く出た。ギアトレーンによる不調は再設計を要するほどの場合もあって、それらは国際電話で直接、研究所に伝えられた。

マン島が昼間でも日本は夜。研究所では深夜にかかる国際電話に即時対応が出来る技術者を常時、電話のそばに待機させていた。そのそばに宗一郎氏がいることは、会話の中に入ってくる大声でわかった。


当日がやって来た。選手たちの表情は、やるだけのことはやった。ということから思ったより固さはなかった。出場車の国を示す国旗の中で、日の丸がいちばんシンプルで美しい、とみんなが思うほど平静だった。

あとは走るだけだった。マン島では本番に備えて、公式練習で荒れた路面に改修を施した。だがそれが裏目に出てミューが低下している、という情報が伝えられた。それさえも選手たちは「みんな同じ条件」として聞いた。

2台1組、10秒置きというマン島TT独特のスタートが始まった。スタートしたマシンは下りを全開で、例の縁石から45センチのベストラインへ殺到し、みるみるうちにコーナーの向こうへ消えて行った。選手にとって〝目に見えない相手〟との戦いが始まったのだ。〝目に見えない相手〟とは時間だ。10秒前に先にスタートしたマシンを目にとらえることが出来れば、それは自分のマシンのほうが確実に良いタイムであることを教えてくれるが、逆に追いつかれ、追い抜かれ

マン島TTのスタート風景。整然と2列に並び、2人ずつ組んで10秒おきにスタートする方法は、他のレースでは見られないマン島TT独特のスタート。

るときは時間との戦いで負けはじめていることを意味する。

選手にとって、ただ前を見て走ることだけが仕事だった。あとは1周し終わってピットサインを見ることが自分のタイムを知ることだった。

目に見えない相手と戦う選手のために、ホンダはピットとコースの中間点を結ぶ電話を特設した。中間点の担当者はRCの順位をピットに伝え、ピットではそれを計算してサインを出そう、という戦術だった。

よそのチームは、プラス何とか、プラス何km／hを示す数字を書いたボードを出した。

それにくらべるとホンダのサインはいたって簡単だった。矢印しか書いてないボードがライダーに向かって出されるだけだった。

河島喜好氏は笑って語った。

「あれは私の発案です。数字なんか書いてもライダーが正確に読み取るかどうか判りません。読み取ったとしても、その分だけ気持ちはメーターの上にいってしまうから良くない、と考えて矢印にしたのです。それも一種類のみです。矢印を上に向けて出したらスピードを上げろ。水平だったらそのままのペースで行け。下を向いたスローダウンしろ、という意味です」

この河島式サインボードはライダーたちに大変好評だった。その後、多くのサ

河島監督発案の〝河島式サインボード〟はライダーたちに好評だった。矢印の向きを見るだけで選手たちは瞬時に指示が理解できた。

ーキットでこの〝方式〟は愛用されることになるが、ことのはじめは河島氏だったのだ。以後、世界GP戦で使われ続けた河島式サインボードをジム・レッドマンはこう語った。

「あれは見やすくていい。誰だって見落としはしないさ。僕は片目で青のサインボードを見た。もうひとつの目は前を見ていたさ」


125ccではMVとMZが、やはり速かった。推定でも2馬力は多いMVは、ウビアアリが3周、182・175キロを1時間19分21秒2、平均137・73km／hで駆け抜け勝った。2位は同じくMVのホッキング、3位もMVのタベリで、4位と5位にはMZのヘンプルマンとアンダーソンが入った。1位と5位の差は約3分。そして6位には谷口尚己が入った。

難しいコーナーを誰よりもきれいに抜けて行く、と評判の谷口にとって、RC143の足りない2馬力は何とも口惜しいかぎりだった。7位には鈴木義一、8位には島崎貞夫、9位には田中槙助、10位にはトム・フィリス……と、6位以下10位までをRC143が占めた。

スズキは16位に市野三千雄が入り、北野元は19位にとどまった。

5位までの平均速度は130km／hを上回ったが、RC143は6位の谷口の

ゲイリー・ホッキング（1938年生まれ）アフリカの南ローデシア出身。彼は、16歳で高校を卒業すると中古の二輪車を購入し、モーターサイクルに目覚めたという。1959年にMVアグスタと契約し、1961年には世界チャンピオンを獲得している。

128・84km／hが最高だった。ウビアリは24分17秒6、平均138・58／hのベストラップを叩き出した。

250ccでもMVが勝った。1位はホッキングで2時間53秒、平均150・66km／hで5周303・63キロを走り抜け、2位にもMVのウビアリ、3位にはモリーニに乗るプロビーニが入った。ボブ・ブラウンは〝先生〟の貫録をみせて4位に入り、5位には北野が、6位には谷口が入った。マン島で観衆が初めて見た並列4気筒マシンは完調ではなかった。しかし、ここでもそのサウンドは観衆を魅了し、小柄な北野や谷口がRC161を操るさまに、送る拍手と声援は高かった。

マン島からダッチTT、その間に本国からは新しい部品が次々に届けられた。航空便……それも最も早く確実を期するために、若手の研究所員によって運ばれるのであった。

宗一郎氏は若手に「本場の空気を思う存分に吸ってこい」と送り出した。20代の若者がジェット機に乗って外国に行くなどというチャンスは、ほとんどといってない時代だった。

「そうですねぇ、私がマン島へ出発する時はラジオや新聞社が来ましたものね。近所の人は不思議がって父に聞くんです。おたくの息子さんは何の仕事をしているんですかって。いちいち詳しく説明するのは大変としても、うちのオヤジの返事もふるってました。オートバイ屋に勤めているからオートバイに乗りに行くのです、って言うんですから……」島崎貞夫氏は当時を思い出してそう笑った。

部品をかついで到着した若手には、休む暇はなかった。ナットを緩めるくらいは出来るだろう、と言われれば手伝わないわけにはいかなかった。帰らなければ……などと言おうものなら、メカニックたちから「お前なんか、いてもいなくても同じだって研究所では言ってるよ」と、からかい、「ここならそれなりに役に立つんだからいたほうが良いよ」とおだてられ、あげくには河島監督が「直接、上司に電話してやるから」で、ちょんだった。

飛脚便といわれた浅間時代からの伝統は、世界GPでも生きていた。押入れで寝なければならないくらいに人数が増えた、という浅間ほどではなかったが、出発したときより多い人数がヨーロッパを転戦し始めたのは、パーツを届けに行って、そのまま勧誘される若手が多かったからだ。

1961年のマン島ダグラス市の海岸通り。建物はすべてホテルで、TTレースが始まると各地から集まる見物客が宿泊することになる。

そして研究所では〝いてもいなくても同じ〟どころか、行ったきりなかなか帰って来ない若手に「次代を担うもの」として寛容以上の期待を寄せていたのであった。

2年目でホンダは手ごたえを感じとりはじめた。早い、あまりにも早い手ごたえだった。宗一郎氏も「3年やればどうにかなる」と思いはじめていた。怒涛《どとう》のような進撃の前触れの1960年は、ボブ・ブラウンの死という悲しみはあっても確実に始まっていた。後はヤマハが出ればいい、と宗一郎氏は思った。それは4ストローク対2ストロークなどといった狭い考えではなく、日本のモーターサイクルが世界に確固たる地位を築くために必要、という考えから来ていたのである。リーダーシップという表現を嫌い、「日本のホンダじゃあいけないよ。世界のホンダになりたいんだよ」と言う宗一郎氏は心からヤマハの参加を願い、スズキがこれをステップとして、参加を続けてくれることを願っていた。

1961年、マン島に初上陸したヤマハチーム。到着早々マシンの点検と整備をしている風景。連絡用のYA-5型の姿が見える。

1960年度T.T レースの記録

クラス別	順位	メーカー	ライダー	タイム	平均時速
125cc 3周 182,175km	1	M V	C.ウビアリ	1°19′21″2	137.73km/h
	2	M V	G.ホッキング	1°19′41″0	137.15 〃
	3	M V	L.タベリ	1°21′07″6	134.70 〃
	4	M Z	J.ヘンプルマン	1°21′35″8	133.93 〃
	5	M Z	H.アンダーソン	1°22′00″6	133.24 〃
	6	ホンダ	谷口尚己	1°24′49″0	128.84 〃
	7	ホンダ	鈴木義一	1°24′57″4	128.63 〃
	8	ホンダ	島崎貞夫	1°25′02″0	128.51 〃
	9	ホンダ	田中禎助	1°25′07″4	128.39 〃
	10	ホンダ	T.フィリス	1°27′19″2	125.16 〃
	19	ホンダ	北野元	1°44′35″8	104.47 〃
	BL	M V	C.ウビアリ	24′17″6	138.58 〃
250cc 5周 303.63km	1	M V	G.ホッキング	2°00′53″0	150.66km/h
	2	M V	C.ウビアリ	2°01′33″4	149.84 〃
	3	モリーニ	T.プロビニ	2°01′44″6	149.60 〃
	4	ホンダ	B.ブラウン	2°06′53″8	143.53 〃
	5	ホンダ	北野元	2°18′11″0	131.80 〃
	6	ホンダ	谷口尚己	2°20′41″0	129.47 〃
	BL	M V	C.ウビアリ	23′42″8	153.71 〃

1960年、マン島TTのレース結果。(『ホンダの歩み』本田技研工業株式会社発行より)

第14章

三度目の挑戦——外国人ライダーの存在——

1961年は日本のメーカー3社が、揃って世界GP戦の125ccと250ccの両クラスに参加する記念すべき年になった。

ホンダは信念のDOHC125ccツインと250ccフォアに磨きをかけて、今年こそタイトルをという意気込みだった。本田宗一郎氏はかねがね、「外国のメーカーが6年かかってタイトルをとるなら、うちは3年でやらなきゃダメだ」と言い続けていた。〝あちらさんのペースに合わせていたのでは、いつまで経っても6年遅れ、それなら半分の3年でとれ。そうすれば追い付く〟という言葉からすれば、125ccのタイトルはこの年にとらなければならない。250はもう1年あるからいいが、どちらにしてもモタモタしていれば、でっかいカミナリが落ちてくることはわかりきっていた。

なにしろ技術屋社長だから、ごまかしが効かないのである。目標は? と聞かれれば即座に「MVアグスタだな。アグスタより速く走ることだな。耐久性はうちのほうがある。あとはスピードだけだ」と言ってのけたのは1959年が終わったあとだった。マン島しか戦わなかったというのに、不敵とも不遜《ふそん》とも思えるこの言葉は、もうすでにMVアグスタを呑んでいたのだ。

60年のホンダは順風満帆だった。市販車のほうもC70、C90の2本柱が大ヒットで、完璧ともいえるバリエーションの展開もあって、どんなニーズにも応じら

ガレージでMVアグスタ4気筒500ccのマシンを整備するメカニックと、ライダーのゲイリー・ホッキング。

れる体制が出来上がっていたし、スーパーカブはバンバン売れるわ、CB72はフランクフルトで9月に発売したら、その場で注文殺到、それも国内まで続くという有様だったからだ。

GP戦でもそれは同じだった。2年目だというのに125ccのRC143は1959年の経験を活かして飛躍的に戦闘力を高め、初登場の4気筒250cc、RC161も〝青い目〟の注目を集めた。

ホンダが初めてマン島に行ったとき、〝青い目〟の連中がいちばん奇異に感じたのは、例のボトムリンクだったが、それが時代遅れと知れば、すぐに近代的なテレスコピック式にかえてしまう早さだけでも、プロが見れば技術力の確かさ、に見えるものなのだ。それに加えて4気筒DOHCの250ccとくれば、外国人が2年目のホンダに注目するのは当然のことだった。

1年目のときでさえホンダは〝工場がそのまま引っ越してきたようだ〟と報道されるほど大量のマシンとパーツ、食糧までマン島に持ち込んだが、2年目もそれは変わらなかった。

変わったところ、といえば〝ぬか味噌〟を持って行かなかったくらいだった。ただし、味噌だけは持って行った。味噌汁を飲まないとどうも力が出ない、ということからだが、通関では困った。税関職員は鼻をつまみながら「このくさいも

“工場がそのまま引っ越してきたようだ”と報道されたホンダチームのピット。
写真右のセーターを着ている人物がチーム監督の河島喜好氏。

のはなんだ?」と言うのを、「ジャパニーズ・ペースト」と言ったら通用せず、しまいには「くさいから早くあっちへ持って行け」と言うまで手間取ったからだ。

1年目のときは、遠いところからニッポンのチームが来た、ということで好奇心がホンダに集まった。飯田マネージャーがそのときのことを思い出して、「いちばん印象的だったのはMVアグスタの連中がホテルまでのぞきに来たことでしたね。タベリとかウビアリを初めて見ました」と話す。

その1年目から帰ったあと、宗一郎氏に〝外国で勝つためには外国人ライダーに乗ってもらうのがいちばん良いじゃないか〟と進言した部外者があったそうだが、そのとき宗一郎氏は「いんや、そんなことは考えてないよ。こっちから外人さんに頼むなんてことはしないよ。ほんとに乗りたくなりゃあ、向こうから乗せてくれ、と頼みに来る。それがスジっていうもんだ」と笑って取り合わなかった。

もっとも、さすがに初めてのマン島では英語に全く自信がなかったから、駐留軍の軍人として青森県の三沢に来ていて、根がオートバイ好きなので、愛用のトライアンフを駆って、あちこちのクラブマンレースを荒らしまわっていたビル・

当時の飯田佳孝氏の日記によれば、「1959年5月27日、ロードレースの常将、サーティースが、我々のホテルに姿を現わし、ホンダのレーサーを興味深く見て行きました」とある。ジョン・サーティースはその後四輪レースに転向してホンダのF-1チームに加入し、1967年のF-1イタリアGPで優勝を果たすことになる。(「ホンダ社報1959年7月号マン島日記 飯田佳孝」より)

ハントをアメリカからマン島に呼び寄せた。

だがそのハントの英語は、アメリカン・イングリッシュなものだから、ただでさえ訛《なま》りが強いマン島イングリッシュに通じず、河島監督が「私の英語のほうがマシだった」と言うくらいで、そのうえ乗らせてもダメだったから、60年には呼ばなかった。

ところが、2年目のマン島では本田宗一郎氏の言ったことが本当になった。それはジョン・ハートルが「ホンダに乗りたい」と言ってきたことに始まった。

マン島というところは、ワークスライダーを夢にまで見る人たちの集まるところでもあった。プライベーターとして走り、その走りがワークスに認められれば、ワークス入りのお声が掛かるかもしれない。そういう千載一遇のチャンスを求めて、自分の力でスポンサーを探してマン島にやって来る。だからそういった連中の中には、ワークスライダー並みの実力を持っている人も多い。ハートルもそのひとりだったわけだ。

だが交渉に入るとすぐ、ハートルのスポンサーがモービル・オイルだということが判った。ホンダはカストロールがスポンサーについていた。このためにハートルはホンダ入りをあきらめ、代わりにボブ・ブラウンを推薦した。

ボブ・ブラウンはマン島の飛行場で4気筒に乗って、ホンダのマシンの感触を確かめたあと、河島監督に申し出た。

「契約金はどうでもいいから乗らせてほしい。そして良い成績を残したら、それに見合う分を払ってくれないか」

そしてさらに練習を毎日見に来ていたトム・フィリスが「乗りたい」と言って来た。

「タベリはホテルのほうで整備しているのを見に来ました。前の年に来たときは、好奇心いっぱいなのがわかりましたが、今度は真剣な顔でした。2年続けて見に来てくれて、それだけでもうれしかったのですが、ああ、一流の人がこれだけ注目しているんだな、と思うと感激しましたね」と、飯田さんは話すが、ホンダは宗一郎氏の言った通り〝乗りたい〟と言って来た外国人を二人もチームに加えることになった。

日本人ライダーで、初の日の丸掲揚を果たしたのは田中健二郎。7月24日のソリチュードのドイツGP戦においてだった。このとき、ホンダは練習中にボブ・ブラウンを失った。〝周回遅れのライダーには充分気をつけろ〟と、いつも口やかましく教えていたブラウンが、その周回遅れのライダーをラップしようとして、接触横転し、帰らぬ人になってしまったのだ。

その悲しみを背負った田中健二郎のまわりは、MVアグスタのホッキング、ウビアリ、タベリ、MZのデグナー、ヘンプルマン、デイルといったそうそうたるメンバーだった。

4年ぶりに使われるソリチュードは1周が11・36キロだが、左回り。それはギャンブルレースと同じ回り方で、右回りが不得手な田中健二郎は気が楽になった。

13周の1周目でウビアリが転倒。だが2周目ではそのウビアリに抜かれるが、3周目6位、そしてマン島のあとホンダに乗るレッドマンが5位にいた。7周目、マシン不調のタベリを抜いて、いつのまにかもう1台ラップして4位。10周目には3位にあがり、ラストの3周はMZのデイルとデッドヒートの末、1・1秒の差で2位に入ったのだ。

「ケンジロー・タナーカ」と呼ばれてもポカンとしていた田中健二郎に高橋国光が駆け寄って、「手を上げて振るんだよ」と言った。

このときのことを飯田さんは「ブラウンが亡くなって、沈みがちなチームの雰囲気を健二郎がどれだけ盛り上げてくれたことか」と言うが、河島監督は「ダッチ、ベルギーと勝てなくて、なんとなくふてくされかけた外国人に喝を入れていた健二郎のガッツがとてもうれしかった」と讃《たた》える。

田中健二郎は、関口久一、高橋国光などとともに1960年7月からホンダチームに合流、同年7月ドイツGPにおいて、日本チーム及び日本人ライダーとして初めて表彰台に立った記念すべきライダー。この時チームのメンバーたちは、抱き合って泣いたという。

オートレースで鍛えた田中健二郎は〝逆ハンの健二郎〟とまでいわれた逆ハンの名人だったが、ワークス入りしたあとは河島さんにハッパをかけられどおしだった。

「GP戦で足を着いて回ったら失格だぞ」と言われ、ステップに割り箸を結びつけてセンサー代わりにして、マシンを倒して回ることを徹底的にやらされた。

「浅間じゃ足出して回ってもよかった」と言ってもダメで、足を出さないで回るのはどうしても恐くてよく転んだ、と言うが、持ち前の豪胆さと負けん気でそれを克服しての勝利だった。もっとも、足を出して回ったら失格、というのは河島氏のウソで、それを信じてしまったあたりも田中健二郎さんらしくて好きな話だ。

その健二郎さんは、次のアルスターGPで序盤から4位を力走する。前はMZのスパジャリだった。直線でスパジャリを抜き、その先のカーブの周回遅れをインから抜くか、アウトから抜くか、一瞬迷った健二郎さんのインをスパジャリが抜いて行った。一瞬の隙をインからさされた健二郎さんはその先のカーブで、今度はスパジャリをインから抜こうとして転倒。重傷を負ってしまう。

飯田さんは「60年は悲しいことが多かった」と言い、河島監督は「ブラウンの死がこたえました。みんなの師匠だったから。健二郎はケガするし、フィリスも

でしょう。フィリスの代わりにレッドマンが乗って、フィリスがカムバックしてから、ふたりが頑張って上位に食いこんで、60年は悲しみの中から250ccクラスで2位をとりました」と語る。

エンジンは良い、だがフレームとサスがエンジンについて行けなかった。それはあまりにも有名な言葉……「フレームとサスペンションは常にエンジンより速くなければならない」の金言に逆行していた。コーナーで振られる、その恐怖に打ち勝って、なおアクセルを開け続けたのはライダーの本能、といったもの以上の、MVアグスタやMZに負けたくない、という意思だった。それは日本人ライダーのほうに、より強かった。

島崎貞夫も田中楨助も、それだからこそ〝華々しく〟転んで負傷したのだった。

だが、ホンダの面々は、悲しみと苦痛の中から、確かな手ごたえを感じていた。それはMVアグスタを射程内に捉えた、という手ごたえだった。

スピードも耐久性もMVアグスタにまさった確信は、61年こそという自信につながった。その萌芽《ほうが》はマン島のあとで早くも芽生えた。

ロイター通信は、「当日もっとも注目すべきもののひとつは日本のホンダだった。ホンダのライダーは最も難しいマウンテンコースで健闘し、250ccレースでは首位から6位のうち、3つを獲得し、125ccレースでは全員完走して6位から10位までを占めた」と報じた。

250cc優勝のホッキングとブラウンの差は5秒8、125cc優勝のウビアリと谷口の差は5秒27、となればロイターが〝めざましい〟と報道するのも当然だった。

宗一郎氏は60年の成績について「これでとうとううちとMVの覇権争いになったなぁ。非常に愉快なことじゃないか。そして今度はとてもいい勉強になったよ。日本ではとても発見出来ない技術的なことがわかって、これで改善すべきものがはっきりしたし、非常に有益だったと思いますよ。それに、今年1位にならなかったことがいい。もし1位になっちゃったらですよ、その結果に満足しちゃって研究開発が止まっちゃうかもしれない。そのことのほうがこわいものね。いつまでも進歩のために反省の機会は持ち続けたいからね」

日本ではとても発見できない技術的なこと、というのはフレームとサスペンションのことだ。荒川の1・5㎞の直線を行ったり来たりするテストでは、なんの異常も出てこない。それをマン島に持って行って走らせ、本格的なサーキットで

今年（注・1960年）の日本のマシンは、見た技術者に尊敬の念を抱かせる〝イタリア製以上〟の出来ばえだった。しかも高速度技術のつかみ方は、それ以上に確実で知的だ。これなら1962年、いやもっと早く無敵になるだろう。（英国「モーターサイクル誌」より引用）

走らせるのだから、異常が出るのは当たり前だった。

パワー重視のホンダにはフレームとサスの問題がこの後も常につきまとう。なぜならば、マシンの開発は毎年、一緒に始まるのだが、エンジンのパワーアップのスピードのほうが早くて、せっかくつくったフレームのほうが追い付かないからだった。ここでも、エンジンのほうがフレームよりも速かったのだ。

エンジンのほうは早い話、所定のパワーが出たあとも吸排気に手をかけたり、ヘッドを加工したりすれば1馬力や2馬力はすぐに上がってしまう。125ccのマシンでも1959年の17馬力が、マン島では18馬力。そして60年のRC142では23馬力というハイパワーになっていた。

マシンにはまだまだ課題が残っていたのだ。

第15章

MVアグスタの引退――ホンダ、西ドイツGPでの優勝――

1961年、西ドイツGP優勝者の高橋国光に贈られたトロフィー。

1961年1月15日、「MVアグスタ、世界GPを引退」のニュースが世界中を駆け巡った。

58年、59年、60年と、すでに3年連続制覇の偉業を達成したMVアグスタは、チャンピオンの中のチャンピオンとして、自他ともに認める位置にあり、連続制覇がいつまで続くか、ということに世界中のファンが注目している矢先の引退声明は〝まさか〟の衝撃を伴うものだった。

MVアグスタは世界GP戦引退の理由を、世界GP戦が年間8戦から10戦に増えたことを挙げた。

ただでさえ負担の大きいGP戦を、さらに2戦増やすことに、MVアグスタが強く反対していたことは事実であった。だが最初のうちはMVアグスタと同じ意見で反対していたメーカーが、渋々であったにせよ、10戦に賛成していったのに、MVアグスタだけが「自分たちの主張が受け入れられないから引退するのだ」と繰り返し主張するのは、何か割り切れないものを感じさせてならなかった。

MVアグスタのそういった頑固な言い分に理解出来る部分がない、とは言わないが、そのあとの文章は格調高く次のように述べて、多くのメーカーを刺激した。

「2644回の優勝と、36回の世界選手権獲得。さらに19回もメーカーチャンピオンになった我々の実績に匹敵するメーカーが出現するまでは、引退したとはいえ我々が絶対的なチャンピオンである、と確信している」

要するに〝悔しかったら2644回優勝してみろ。36回世界選手権をとり、19回メーカーチャンピオンになってみろ。ホレみろ、出来ないだろう。だから我々がチャンピオンなことに文句はあるまい〟というのと同じなのだ。

さらにMVアグスタは「我々の記録に迫ろうとするメーカーがあらわれた時は、すぐにGP戦に復活して、その野望を阻止する」と付け加えた。

本田宗一郎氏は、「これでとうとう、うちとMVの争いになったなぁ。非常に愉快なことになったじゃないか。今年1位にならなくてよかったんだよ」と言ったゆとりは、参戦2年目で125ccランキング3位、250ccランキング2位、とめざましい勢いで常勝のMVアグスタに迫った実績が言わせたもの、とわかる。

いつの世の中も強い者への反発はある。日本ではそれを〝判官びいき〟つまりは頼朝よりも義経のほうが好き、という言葉で表現するわけだが、〝強すぎるMVに対してホンダびいき〟がわずか2年にもならないうちに着実に増えつつあった。

外国でもそうなのだから日本国内はなおのことで、だからMVアグスタの引退声明はさまざまな議論の的になって、しばらくの間ファンを騒がせた。

8戦から10戦になったから辞める、などというのは口実で、実は61年にはホンダに勝てそうもないから虚勢をはりながら逃げたのだ、という意見が多かったのは仕方のないことだった。2戦増えて苦しいというのは、どのメーカーでも同じはず、という人の話には説得力があって、大方の意見は〝MVの勝ち逃げ〟のほうに傾いた。

FIM（モーターサイクリズム連盟）が2戦プラスに踏み切った理由を考えることも必要だ。それはまず急激に増えたファンに応える措置だったともいえる。ヨーロッパの多くの国が、自分の国でも世界GP戦の開催をと要望し、それがFIMを動かした。開催する国が多くなればチームの移動距離も長くなる。レースが多くなれば8戦のときよりもマシンや補給パーツも増やさなければならない。

そういったリスクや負担が大きすぎる、と10戦に反対し、8戦にこだわったMVアグスタの考えは一理あるが、結局は時代の要求に対するひとつの流れであり、過酷なことは百も承知、だがその過酷な戦いの中から勝利をつかんでこそ真の王者、とする考えが世界GP戦に新しいページを記す決定になった、と考えるのがいちばん正しいだろう。

1959年のマン島に初出場したホンダは、〝井の中の蛙〟であることを痛感した。ホンダにとってライバル、というよりは、目標といったほうがより正確な相手であったMVアグスタの引退はホンダにとって衝撃的だった。

なにしろ今年こそは正面から渡り合って勝とう、と張り切っていたというのに、当の相手が土俵に上がる寸前になって「もうやーめた」と言い、さっさと花道を帰ってしまったのと同じなのだから……。

「肩すかしをくった、という気持ちはありました」と、河島監督はそのときの心境を話してくれたが〝MVアグスタが出なくても我々の前にはMVの残した数字がある。その数字を目標にしてやっていこう〟という檄《げき》でホンダの結束は固まる。

数字で追って、本当にMVアグスタがカムバックするまで戦おう、そしてMVアグスタが出て来たら、そのときこそ勝とう。よし、MVアグスタをもう一度ひっぱり出そう、と考えなければ男じゃない。そうすれば、MVアグスタの引退声明は、日本人の、というよりはホンダの闘志に、かえって火をつけた。

MVアグスタがいなくなったあと、ホンダが当面の相手としてみたのはMZ

だ。それはこの年から参戦したヤマハも同様だった。違うところといえば、ヤマハは同じ2ストロークであるだけにMZを強く意識したのに対して、ホンダは〝エントツエンジン〟に負けたくない、と考えたことだろう。

1960年の125ccは思ったほど成績が良くなかったことから、ホンダは60年のRC143を根本的に見直してRC144をつくりあげた。

エンジンは、ボア・ストローク44×41(㎜)のショートストロークから、42×45のロングストロークに。カム駆動は、ベベルギアとシャフトによる方式からギア方式に改められた。この変更はもちろん耐久性向上を目的とするもので、さらに4バルブから2バルブへの変更も行なわれた。こちらのほうは複雑な4バルブよりも、ごく普通の2バルブのほうが確実なバルブ駆動を行なうこと、加えて整備性を考えての変更であり、燃焼室形状の改良で圧縮比を高めた新エンジンは、RC143より2ps多い22psを1万3000回転で叩き出すことが出来た。

フレームもダブルバックボーンとして横剛性を高めるなど、ありとあらゆる部分に手を加えたRC144は、短い時間でつくられたマシンの記録といってもよかった。最もこのロングストロークではMZを常に置き去りに、というわけでもなかったために、シーズン後半からは再び44×41のショートストロークの2RC143を投入、結局はこのマシンが大活躍してホンダに初の125ccチャンピオンシップをもたらすことになる。

一方、4気筒250ccのほうは60年シーズンで徐々に調子を出して来たために、125ccのRC144ほどの大改良はなかった。それでも冷却効果を上げるための手は加えられた。

潤滑方式は、1960年のRC161のウェットサンプからドライサンプに変更、これによって油量が多くなり、その分だけヒート現象は避けられることになった。エンジンは125ccと同じように35度から30度傾斜に引き上げられ、ここでも冷却効果の増大を狙った。また始動性向上のため、キャブはフラットバルブタイプからピストンバルブタイプに変更された。これらが61年用250cc、RC162の主な変更点であった。

緒戦のスペインGPから125ccは、素晴らしいスタートを切った。フィリス1位、レッドマン3位。250ccもフィリスがMVアグスタのホッキングを追って2位に入った。

MVアグスタは全てのスポーツ活動をやめるのではなく、市販モデルの改良のためと、優秀なライダーをMVにとどめておくため、そしてレーシングマシンの開発を続けるために、プライベーターへのバックアップは続ける、と明言したとおり、ホッキングにはワークス並みのバックアップを与えていたのだった。

ホンダRC143（1961年）　1959年9月、ホンダはRC142の改良モデルであるRC143の設計を開始。エンジンをそれまでの直立から35度前傾とし、シリンダーヘッドの冷却を図った。また、オイル冷却のため深いフィンを付けた2リットルのオイルパンを設けた。

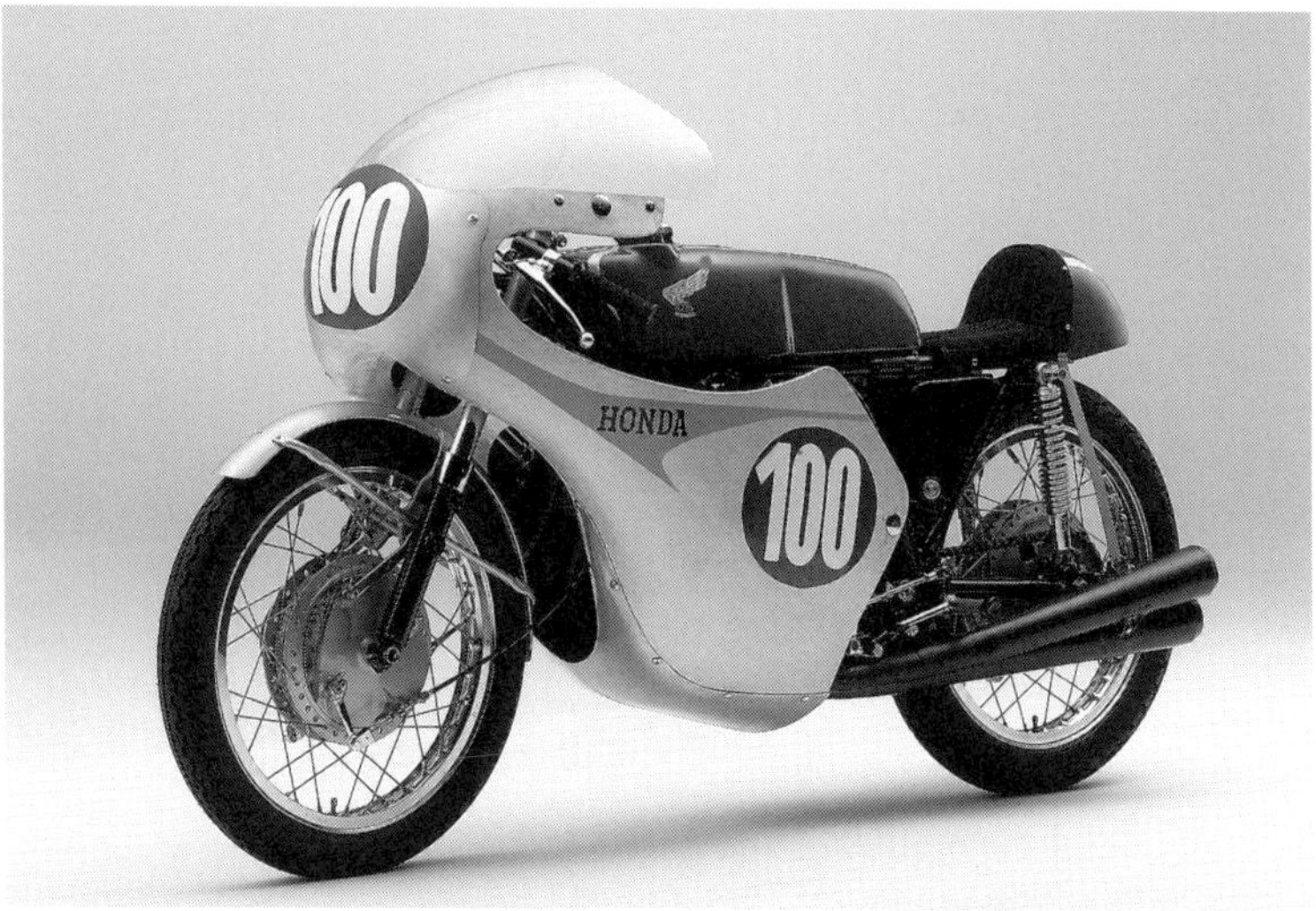

ホンダRC162（1961年） 4ストロークDOHC4気筒249cc。RC161のポテンシャルをさらに高め、エンジンもRC161とは共用パーツがほとんどない。フレームはダブルバックボーンに変更され、エンジンは前傾角度が5度起こされた30度となった。他にもキャブレターはフラットバルブからピストンタイプに、潤滑方式もウェットサンプからドライサンプに変更されるなど、ホンダはRC162では数々の改良を施した。エンジン出力は14,000回転時で45馬力。高橋国光が駆り、西ドイツGPでは、世界GPにおいて日本人初の優勝を飾る。

第2戦の西ドイツGPはホンダにとって忘れられない一戦になった。日本製マシンと、日本人ライダーの手で優勝を、という願いが、この西ドイツGPで高橋国光選手によって実現したのである。250ccのチェッカーを高橋選手が受けた瞬間、河島監督以下全員は総立ちになり、そして飛び出して行った。それは正直にいえば、誰も予想しないほど早くやって来た4気筒250ccの勝利だった。

1958年、第1回全日本クラブマンレースに出場し、高橋国光は、350ccジュニアクラスに優勝してライダーへの第一歩を踏み出した。

1959年の第2回全日本クラブマンレース500ccクラスにもBSAで優勝、耐久セニア500ccクラスではBMW・R50改に乗る伊藤史朗に一歩も譲らぬ走りを展開。黒いBMWと赤いBSAは浅間を18周、170キロに近い長丁場で熱戦を繰り広げた。特にラストラップ近くの2台が1本の糸で結ばれたような走りは〝ランデブー走行〟といわれて、今でも語り草となっている。

当時19歳の高橋国光は、のちにヤマハから三菱コルトのドライバー、そして三菱の監督になった望月修のいた、チーム・ハイスピリッツからの出場。一方、20歳の伊藤史朗は若干16歳のときに第1回浅間火山レースにライラックで出場し、「勝てなかったら浅間山に飛び込む」の名セリフを吐いて力走、見事に優勝して

第1回全日本モーターサイクルクラブマンレース（1958年）、国際レースの様子。当時まだ珍しかった外国車が走るレースに観客は熱狂した。

からＢＭＷのディーラー、バルコム貿易に見いだされてＢＭＷに乗り、豪快な走法で天才の名をほしいままにしていた。

つまり、このふたりはＢＳＡとＢＭＷという全く性質の異なる重量車を扱わせては、双璧ということでファンを二分したのだった。どちらかといえばマシンを自分の力でねじ伏せて走る伊藤史朗のパワーは、マシンに悲鳴を上げさせて途中リタイアという場面もあって、それがまたファンにはカッコよく見えた。

これに対して高橋国光の走りは、マシンに無理をさせず流れるようなペース配分という点でも両者は似て非なる対照にあった。高橋国光のマシンをいたわる走りは、15歳から家業のオートバイ屋を継ぐべく、2年の奉公に出されてメカニズムを叩きこまれたからに他ならなかった。

クラブマンであっても、このふたりは対照的だった。伊藤史朗のほうはバルコム貿易のリンナー氏の庇護《ひご》のもとで、バルコムのメカニックが整備したＢＭＷに乗ればよかったが、高橋国光のほうはチームメイトと一緒に自分で整備をし、乗って走ったのである。

「油だらけの手をズボンにこすりつけ、手づかみで食べるにぎりめしは、いつでもガソリンとオイルの味がした」と言う高橋国光は、59年の浅間で、ワークスに驚倒《きょうとう》する。

同じく第1回モーターサイクルクラブマンレース、国際レースの様子。ゼッケン15番はＢＭＷに乗る伊藤史朗。その豪快な走りから天才と呼ばれた。

「なんたってメカニックがすごい。寄ってたかって整備するっていう感じでしょ。めしだってにぎりめしにおかず付き、それもオバサンがさっと持ってくる。お茶だってオバサンのお給仕付きだもの。ああ、ワークスってすごいな、僕もワークスに入りたいなって、つくづくあのときは思いましたね……」

そして浅間が終わったすぐあと、高橋国光のところへ〝ホンダのワークスに入らないか〟、という誘いがあった。

1959年の浅間レースにて、ワークス入りしたライダーは多い。高橋国光に次いで北野元もホンダに入り、伊藤史朗、野口種晴はヤマハに加わって、いずれも世界GPに向けて羽ばたいた。特にホンダは1960年には125cc、250ccの2クラスをマン島以後のGP戦に送りこむために、クラブマンの中から優秀な人材をチームに迎えようとしていた。だが、あれほど憧れていたワークス入りが叶った高橋国光は、初出場の日に遅刻をしてしまう。それは小金井から新宿、新宿から池袋、池袋から東上線で成増、といった所要時間はあらかじめ計算して家を出たのだが、電車通勤などしたことのない高橋国光は、乗換え・待ち合わせの時間を加算することを忘れていたのだった……。

埼玉製作所のタイムカードを押すのを待って、高橋国光はトラックに乗せられてすぐに荒川へ連れて行かれる。そこでは浅間のスターの走りを少しでも早く見よう、と本田宗一郎氏らホンダの首脳陣が待ち構えていた。

1500メートルのストレートを全開・急制動・Uターンを繰り返すワークスの面々を見ているうちに、高橋は武者ぶるいしていた。だから、乗ってみるか、と言われてすぐに「ハイ」と答えていた。

ワークスのRC143に乗るのはもちろん初めてだが、音でシフトタイミングや回転はわかっていたから、別にどうも思わず、我ながら絶妙なダッシュだった。あっという間に行き止まりが近付き、減速シフトダウンしたが、RC143は容易にスピードを落とさず、そのままコースを飛び出して、その先にある畑に土煙を上げて着地し、横転した。

病院に連れて行かれ、河島監督に車で小金井まで送ってもらいながら、高橋は〝これでパーだ〟と思った。大切なマシンを壊してしまったし、偉い人が見ている前だから入社取り消しになってもしょうがない、と考えたのだ。

普段は4速ミッションのBSAだから、ひとつ落とせば強力なエンジンブレーキを活用することが出来たが、初めて乗るレーサーは6速。いっぺんに2～3速落とせばいいのはわかっていたが、はりきりすぎてスピードが出ていた。それで間に合わなかったことを後悔したが、初めて乗るワークスマシンを並みいる先輩より鋭くダッシュさせたことが、偉い人の目にとまった。大体が枠にはまったような人間よりも、枠からはみ出した人間のほうに可能性を見つける傾向がある偉い人たちが〝型破りの新人〟と見たのは、大変にラッキーなことだった。

普通に食べても体重が60kgの高橋氏は、重量車に馴れていることから、250ccに乗ることになる。浅間の曇り空の下で聞いた雷鳴のような4気筒の音が、まだ耳に残っているというのに、それが現実に乗れることになったのだから、興奮と感激を抑えることは出来なかった。

生まれて初めての外国を「外国人ばかりでびっくりした」と笑わせながら、高橋氏は次第に成績を上げていった。正直にいうと重心が高く、ライディングポジションに難があるRC161を繰るには、高橋氏の体力では少々厳しかった。にもかかわらずドイツGPでは6位、アルスターGP5位、イタリアGPの125ccでは6位、250cc4気筒の成績は、やはり高橋国光が天与の素質を備え、人一倍熱心に練習を重ねたからに他ならなかった。

61年にライディングポジションを改善されたRC162は高橋氏にぴったり合った。レースが近付くにつれて厳しいほど自分を律し、自ら緊張の世界に自分を連れていく、そしてレースの日に一気に自分を解き放つ、という自己管理をするライダーは多いが、高橋氏は「自分はそんなに立派ではなかった」と言い、「大和魂《やまとだましい》ですよ」と笑った。

昭和15年（1940年）1月29日生まれの高橋国光氏は、翌年の12月8日に始まった太平洋戦争のことも、昭和20年8月15日の敗戦の日のことも、もちろん知らない。それなのに〝大和魂〟を口にするのは、いささか意外な感じだった。それは多分、高橋氏のまわりに戦争中のことを話す人がいたのだろう、と考えるほかないのだが、もしそうだとしたら高橋氏はその話の中から日本人の勇敢さを誇りに思い、レースでその勇敢さに近づきたい、と思っていたのだろう。

いささか時代めくが、日の丸鉢巻き、きりりと締めて……の心境でヨーロッパに着いた青年ライダーは、MVアグスタやMZの陣容の10倍はあるホンダの物置に驚いた。戦争では物資の差で負けたと聞くが、この量はどうだ、絶対に負けるわけがない、と思うがウビアリ、ホッキング、タベリといった歴戦のMV勢には勝てなかった。だから61年の西ドイツGPで、チームメイトのレッドマンはともかく、ホッキングや単コロ（単気筒）のプロビーニ、ましてエントツエンジン（2ストローク）のデグナーたちには今度こそ負けたくない、と心に決めていた。

250ccクラス、スタート前の高橋国光（ゼッケン100番）とジム・レッドマン（107番）。

〝大和魂〟というけれども、高橋氏の大和魂は決して無鉄砲で向う見ずの大和魂ではなかった。戦争中の大和魂に似ているのはむしろ伊藤史朗のほうで、彼の場合は最初からどんどん行って、マシンの調子が悪ければそこで〝玉砕〟というケースが、まま見られたが、高橋氏の場合は勝算充分と見なければ、そういう走りはしなかった。まずはマシンの調子をみて自分をマシンに合わせながら、相手について行く。そしてチャンスを逃さずに出るときは思い切って出て行くのが戦法で、いわゆる先行逃げ切り型ではなかった。

高橋氏はレースの前の自分に〝オレは速いんだ〟と思いこませるようにしたという。1周7・73kmをふたつのコーナーしか持たないホッケンハイムは、有数のハイスピードコースだった。見事に整備されたコースで高橋氏は〝オレは速いんだ〟という暗示をかけることに成功していた。

それはスタートしてすぐに形成された先頭集団の中に高橋氏を位置させた。200km／h以上出せるストレートで、4気筒の特性を発揮させるチャンスを狙っていたのだ。レースは20周154・5kmの長丁場である。しかも前述のようにテクニカルコースではないここでは、単気筒や2ストロークよりも4気筒のほうが断然有利だった。レース半ばの10周でMVアグスタのホッキングがスピードを落として脱落したあと、プロビーニとデグナーも遅れはじめ、トップはレッドマ

西ドイツGP、ホッケンハイムのコース図。1周7・725km(左回り)。西ドイツの田舎町、ホッケンハイムにあるこのコースは、単純明快な超スピードコースであり、オスト・クールフエコーナーは時速150kmで切り抜けるという。

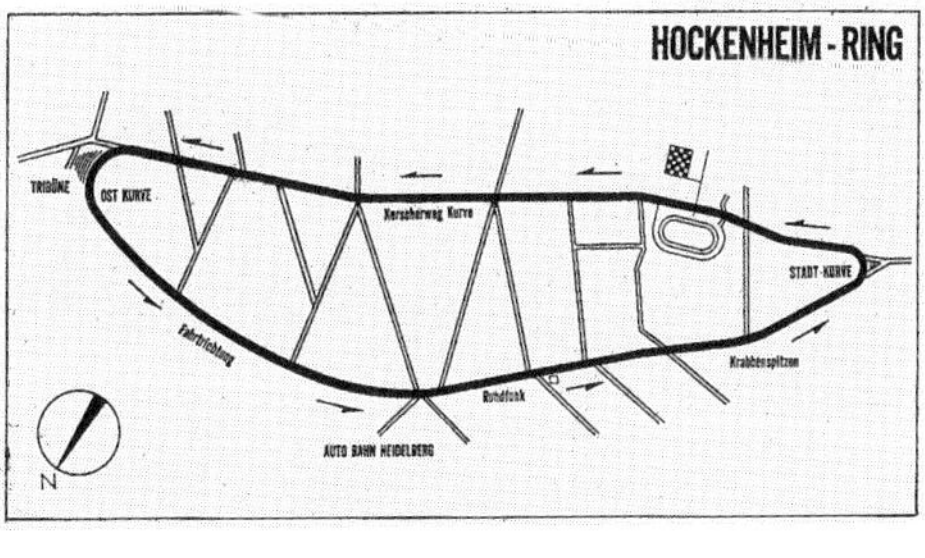

1961年、西ドイツGP250ccクラスのスタート風景。

BOSCH
BOSCH
BOSCH
ZÜNDUNG
BOSCH
105
106
143
143
139

ンと高橋氏が争うことになった。

最終コーナーで高橋氏は10メートル後ろにレッドマンがいるのを確認してラストスパートに入った。12万人の大観衆の熱狂は、高橋氏がチェッカーをくぐり抜けたあとで最高潮に達した。それは高橋氏の平均時速186・41㎞と、ベストラップ2分26秒7、最高速度189・57㎞/hが、4年前にウビアリが出した記録を更新した、とアナウンサーが興奮して繰り返し叫んだからだった。

日本人が日本のホンダに乗って、初めて一番高い台にのぼる。国歌が演奏され、国旗が一番高いメインポールに上がって行く。誰もが感激に胸を突き上げるものを耐えきれずに、涙を拭いもしないというのに、21歳の若者に涙は出なかった。無事に完走出来たということへの満足のほうが大きくて、河島監督たちが男泣きに泣いているのを見て、オレも泣かなければまずいかな、と思いながら、ドイツに日の丸の旗があるのを不思議に思い、戦争中にドイツと日本は同盟国だったから、あって当たり前か、と考えたりしていたという。

西ドイツGPでの高橋氏の優勝はRC162に一気にはずみをつけた。125ccのほうも西ドイツGPを落としたほかは絶好調で、次のフランスGPではマン島に次ぐ難コースといわれるクレモンフェランで、フィリスがベストラップを出して優勝、フィリスは250ccでも勝利をにぎり、高橋氏は3位に入った。

高橋国光は西ドイツGPで平均時速186・41㎞、ベストラップ時速189・57㎞を叩き出し、新記録でこのレースに勝った。それまでの250ccクラス(350ccクラスの記録も同時に)の記録をすべて塗り替えた。日本のマシンで日本人初の、しかも堂々たる優勝を飾ったのである。

最終章

〝世界のホンダへ〟——マン島ＴＴでの優勝——

マン島TT優勝者に贈られたトロフィー。

ホンダはいよいよ日の出の勢いだった。マイク・ヘイルウッドがホンダに乗りたいと言って来たし、ルイジ・タベリも手紙でホンダ入りを熱望した。

60年シーズンを前にして、勝利のためには外国人ライダーをチームに加えるべきだ、という話が宗一郎氏に持ち出されたとき、宗一郎氏はこう言った。

「こっちから頭を下げて頼む必要はないよ。マシンが良くなれば向こうから乗せてくれと頼みに来るよ」

まさにその通りだった。ヘイルウッドに続いて、英国で最も人気のある〝火の玉〟ボブ・マッキンタイアもホンダに乗ることを熱望。マン島ＴＴを前にホンダは最強のメンバーを労せずにつくりあげることが出来た。

マイク・ヘイルウッドの父親は、メカニックから身を起こして英国でも指折りのディーラーを築き上げた人物で、自分が若いころ果たせなかった世界チャンピオンへの夢を息子のマイクに託した。それだけにホンダを見る目は確かだったが、契約したフランスＧＰでは、いちばん調子の良いＲＣ１６２にマイクを乗せろと言い張り、事実いちばん調子の出ているマシンを抱きかかえるようにしてまくしたて、河島監督を困らせ、そして怒らせた。

ステージママならぬサーキットパパの父親に比べれば、マイク・ヘイルウッドは温厚な人柄だった。そして天が与えた才能の持ち主だったから、初めて乗る

1961年のマン島TTレースにて、握手を交わす選手たち。(左からトム・フィリス、ルイジ・タベリ、マイク・ヘイルウッド)本田宗一郎の予想通りに、外国の選手がホンダのマシンに乗ることを望んだ。

RC162をすぐに乗りこなし、フランスGPでフィリス、ヘイルウッド、高橋国光のワンツースリー・フィニッシュを完成させたのであった。

1961年6月12日、第43回マン島TTレースの125ccは全出走車37台のうちの三分の一近い13台が日本のマシンだった。

絶好調のRC144に乗るヘイルウッド、タベリ、フィリスは1周目で早くもウビアリの137・76km／hのラップレコードを5km／h近く上回る142・35km／hを出し、そのあまりの速さについつられたMZの至宝、デグナーが2周で戦意をなくして脱落するほど速かった。

ヘイルウッドもすぐにタベリを追い、自己のラップタイムを次々に更新して182・175kmを1時間16分58秒6、平均141・96km／hで優勝した。ヘイルウッドはこれまでマン島で勝ったことがなかったが、RC144という名馬を得て、21歳の初優勝を飾ったのであった。

2位はタベリ、3位フィリス、ともに平均140km／hを超え、4位レッドマン、5位島崎、8位谷口……と、上位10台の中にホンダが6台もあった。それはまるで雪崩のような勢いだったが、それは250ccクラスも同じだった。

最前列にスポット契約のマッキンタイアが位置するのを見て、地元の人たちは

SUPER.PLUS
10

熱狂した。ジョン・サーティースの再来、といわれたマッキンタイアの走りは〝火の玉〟といわれていたことでもわかるように豪快で、勝つのも見事なら、負けっぷりも見事で、それが英国一の人気を呼んでいたのだ。

観衆の大声援に応えてマッキンタイアは火の玉の本領を発揮した。彼は1周目でウビアリの出した152・75km／hを破る160・22km／hを出し、2周目にはジョン・サーティースがMVアグスタの4気筒で出した158・75km／hを破る160・221km／hをマークし、観衆は彼がオーバー・ザ・トン（平均時速160km以上で走ること）を達成することを信じた。

もし彼がそれを達成すれば、彼自身はジレラ500によるオーバー・ザ・トンに次ぐ、2回目の快挙になるのだが、4周目の終わりに惜しくも脱落する。

しかし、RC162の速さはずば抜けていた。ヘイルウッド、フィリス、レッドマン、高橋、谷口の5台が再び怒涛のようにゴールに殺到した。ホッキングは3周目で脱落、そのあとのホンダを全力で追うのは初出場のヤマハRD48に乗る伊藤史朗。さらにスズキ勢が目立つのみ、という圧勝だった。

ヘイルウッドはこのあとの500ccクラスにもノートンで優勝、史上初の3クラス制覇を成し遂げるが、ヘイルウッドとホンダの結びつきはそのあと、両者の黄金時代を築き上げてゆくことになる。

1961年マン島TTのチャンピオン、マイク・ヘイルウッド。125ccおよび250ccクラスで優勝し、なおかつ500ccクラスでもノートンを駆って優勝。TTレース史上初のトリプルウィンを飾った。当時若干21歳の彼は〝天才〟と呼ばれた。

イギリスでは、100mph（160・9km／h）をトンと呼んでいる。難コースとして定評のあるマン島コースにおけるひとつの壁であり、500ccクラスでもそう簡単に出せるスピードではなかった。マッキンタイアの最高ラップ160・22km／hは、新記録であった。

61年のマン島にいたるまでに、ホンダはMVアグスタの持つ記録を次々に塗り替えたが、マン島の勝利はMVのプライドをものの見事に打ち砕く未曾有《みぞう》の新記録ラッシュだった。

「日ののぼる国ジャパンは、マン島TTの125ccと250ccの両方で1位から5位までを独占した。その輝かしい成績はツーリスト・トロフィーレースの歴史の上で消えることはない。たった3回目の出場でこれだけの驚くべき成功を成し遂げたのは驚異というほかはない」と、デイリー・ミラー紙は伝え、「6月12日、英国のモーターサイクルメーカーは、記録破りの日本製ホンダの日の出の支配を受けると同時に、今後増大する脅威に直面していることを警告された。ホンダは人と車の激しいテストの場であるマン島で圧倒的な勝利をつかみ、その優秀性を示したからである。曲がりくねり、アップダウンの激しいマン島に2回しか来たことがないホンダが、3年目にどうやって有名な英国車と、優秀なヨーロッパのメーカーを打ちのめしたのかを本紙は追ってみたが、それはホンダの技術の優秀性以外の何ものでもなかった」と述べた。

ホンダのあまりの速さに「事後調査」が申し出され、各国の委員の前でホンダ

1961年度T.T.レース軽量2クラスの記録

125cc

レース　3周　181.11km　出走38台　完走22台

順位	ライダー	車名	タイム	平均時速
1	ヘイルウッド	ホンダ	1時16分58秒6	141.98 km/h
2	タベリ	ホンダ	1〃17〃06〃0	141.76〃
3	フィリス	ホンダ	1〃17〃49〃0	140.46〃
4	レッドマン	ホンダ	1〃20〃04〃2	136.51〃
5	島崎	ホンダ	1〃20〃06〃0	136.44〃
6	レンセン	ブルタコ	1〃21〃35〃2	133.18〃
7	ゴッドフリー	E.M.C	1〃21〃50〃4	132.77〃
8	谷口	ホンダ	1〃22〃02〃8	132.21〃
9	ショーレイ	ブルタコ	1〃23〃02〃4	131.62〃
10	グレイス	ブルタコ	1〃24〃38〃4	129.02〃
11	伊藤	ヤマハ	1〃27〃10〃6	124.65〃
12	大石	ヤマハ	1〃27〃49〃2	124.44〃
17	野口	ヤマハ	1〃31〃18〃8	119.67〃
22	ロウ	ベンリイCB92	1〃36〃09〃8	113.64〃

独占新記録（1〜5位）
チームメーカー賞（1〜3位）
タイム新（1〜3位）
シルバーレプリカ＝1位↓10位
ブロンズレプリカ＝11位↓19位

最高ラップ新記録はタベリ（ホンダ）の142.32 km/h。クラブチーム賞はヘイルウッド，フィリス，レッドマン。

250cc

レース　5周　301.85km　出走46台　完走17台

順位	ライダー	車名	タイム	平均時速
1	ヘイルウッド	ホンダ	1時55分03秒6	158.32 km/h
2	フィリス	ホンダ	1〃57〃14〃2	155.39〃
3	レッドマン	ホンダ	2〃01〃36〃2	149.67〃
4	高橋	ホンダ	2〃02〃43〃2	148.43〃
5	谷口	ホンダ	2〃07〃20〃0	143.04〃
6	伊藤	ヤマハ	2〃08〃49〃0	141.41〃
7	ホイーラー	モトグッチ	2〃12〃53〃4	136.28〃
8	ショーレイ	N.S.U	2〃14〃19〃4	134.83〃
9	チャタートン	U.S.U	2〃16〃41〃0	132.50〃
10	アンダーソン	スズキ	2〃17〃10〃2	132.04〃
12	市野	スズキ	2〃23〃11〃2	127.20〃
13	スティーブンス	ドリームCB72	2〃23〃40〃0	126.77〃

独占新記録（1〜5位）
タイム新（1〜2位）
チームメーカー賞（3〜5位）
シルバーレプリカ＝1↓6位
ブロンズレプリカ＝7↓10位

最高ラップ新記録はマッキンタイア（ホンダ）の160.22 km/h。クラブチーム賞はヘイルウッド，フィリス，レッドマン。

〔注〕このほかに，350 cc，500 cc およびサイドカーレースが行なわれたが本田技研は参加せず。

（「ホンダ社報　マン島にひるがえった日章旗……たゆまぬ研鑽の勝利！」
1961年発行より）

のマシンは分解され、排気量に偽りがないかを調べた。それに立ち会った英国人のひとりは、「ホンダのレーサーのエンジンの中を見た時、それがあまりにも良く出来ていたので、率直に言って我々は恐怖感に襲われた。ホンダのエンジンはまるで腕時計のように精密に出来ていて、その上そこには何の模倣《もほう》の跡もなく、全てが素晴らしい発想から生まれた独創的なものだった」と舌を巻いた。

ヘイルウッドは「午後も気温が下がらなければ、私の250はもっと速く走れただろう」と述べ、「本当に素晴らしいレースを体験した」とホンダに感謝し、「明日の350でも今日の250のスピードには及ばないに違いない」と話した。

マッキンタイアは「ホンダのマシンには賞賛の言葉以外の何もない。最終ラップ目前でリタイアしたのは私の失敗です。私のマシンは途中から少しずつオイルを吹き始めていた。とにかく私に言えることはリタイアの原因は、ホラ、いつものやつですよ」と語った。〝いつものやつ〟とは、火の玉のように熱くなって走る彼の癖《くせ》のことで、彼はリタイアの原因をマシントラブルのせいにしなかったし、独特のジョークを交えた話が、また英国人を喜ばせた。

1961年シーズンの前半を終わって帰国した河島監督は、次のように述べ

ボブ・ブラウンの穴を埋めるかたちでホンダチームに加わったのが、〝火の玉〟の異名を持つボブ・マッキンタイア。彼はホンダの性能を試すため、アイントリーでのインターナショナルレースに出場し、ドゥカティに乗るヘイルウッドと対決し、勝利した。

た。

「一昨年、マン島TTレースに参加してから3年目を迎えて、今年こそ優勝を、という会社をあげての努力が実を結び、ご承知のような成績をおさめることが出来て、監督としての責任を一応果たせたことを、うれしく思っております。どこのグランプリレースでも、今までの記録を大きく破り、昨年までの王者、MVアグスタのチームがつくった記録まで破ることが出来たことは、レースに勝ったことよりも、ホンダが誇っていいことでしょう。

また、西ドイツGPで高橋国光選手が日本人として初めて、日本の車で勝利したことは、彼の努力の結果として、大いに誉めてやっていただきたいと思います。

ヨーロッパの一流ライダーたちが、よろこんでホンダのレーサーに乗って、立派な成績をおさめてくれたことは、彼らがホンダを認めてくれたことになりますが、その陰には、割りピン1本にも誠意をこめ、寝る時間も犠牲にしてくれた整備の人たちの努力を見逃すわけにはいきません。

3年にわたる出場によって、レーサー(ホンダ)の性能が良いことだけではなく、信頼性の高いことをヨーロッパ各国の人たちに認めてもらうことに成功しました。その結果、その技術がレーサーだけでなく、量産車につながるものとして理解され、受け止められています。このことがわが社の輸出伸長の一助になれば、チームとしてこれ以上の喜びはありません」

本田宗一郎氏も次のように語った。

「私がオートバイをつくりはじめてから、ずっと持ち続けていた夢は、日本人の独創でつくられたマシンで優勝することだった。乗り手が外国人でも、日本人でも、それは問題ではない。

私が世界GPにホンダを出場させたい、と思った動機は、敗戦直後の打ちひしがれて暗かった時代に、古橋広之進選手が水泳で世界新記録を出して、米がなくてイモばかり食っていた世の中を、パッと明るくしたときのことだった。

私はそのとき、古橋選手は鍛え上げた体力と気力で世界を制したが、同じようにものづくりの技術で世界を制することが出来るならば、世界のどこへ行っても、日本人としてのプライドを持ち、堂々と胸を張って歩けるのではないか、と考えた。だからオートバイで勝ちたいと念願し、その夢をいま果たしたというわけです。

私が1959年にマン島TTレースを見に行ったとき、ヨーロッパのレーシングマシンは、当時の日本では考えも及ばないくらい素晴らしかった。タイヤ、プラグ、電装品などの二次部品に至るまで、すべてのギャップを埋めるためには研究の積み重ね以外にはない、と思って今日まで頑張ってきたわけです。

ＴＴレースを含めて、レースの勝利はそれまでの記録を破ってこそ勝利の価値があるわけで、今年の勝利は本田技研の勝利ではなく、日本の皆さんに一緒に喜んでいただき、希望を与えるものになった、と深く感謝するものです」と締めくくった。

行ってまいりました

河島喜好

行ってまいりました。

一昨年のT・Tレース初出場より第三年目を迎えて、今年こそは優勝を、との全社一体の努力が実を結び、ご承知のような成績を得ることができて、監督としていちおう責任を果し得たことを嬉しく思っております。

いずれのグランプリレースにおいても、従来の記録を大きく破り、昨年までのレース界の王者、MVアグスターチームの作った記録をも破ることができたことは、単にレースに優勝した以上に、ホンダチームの誇ってよいことでしょう。

また、ジャーマングランプリにおいて、高橋選手が、日本人として初めて日本の車で優勝をする偉業をなしとげたことは、大いに彼の努力を賞めてやっていただきたいと思います。

欧州の一流ライダー達が、喜んでホンダレーサーに乗り、立派な成績をおさめてくれたことは、一流ライダー達が、ホンダを認めてくれたことでもありますが、かげには、割ピン一本にも誠意をこめて、寝る時間をも犠牲にして奮闘した整備員達の努力も見逃せないものです。

三年にわたるホンダチームのレース出場により、レーサーの性能のよいことばかりでなく、その信頼性の大きいことを欧州各国人に深く認識せしめることに成功いたしました。

これは、レーサーのみでなく、その技術は、量産車にもつながるものとして容易に理解されて、わが社の輸出伸張の一助にもなれば、チームとしてのこれ以上の喜びはありません。

いまなお、ホンダチームは欧州にあり、十大世界選手権レースの後半を戦っております。

これらチームにも、皆さまのご援助ご声援をお願いして、われわれ第一陣の帰国のご挨拶といたします。

（第一陣監督）

本田社長よりみんなへ

喜びのかげには苦しみがある

これからは世界一の苦しみとの闘いだ

いま日本で、外国との技術提携とかなんとかで、うき身をやつしているときに、その技術で、日本人の、われわれの、お互の協力によって、勝った、ということね。

これは、肩身の広いことだよなあ。うちの人たち、ひとりのこらず、みんなそう思ってくれるだろう。（大きな声で）どうだい。

だけど、ほんとうは、これからがつらい。

チャンピオンベルトを締めた以上、こんどは、何をやるにしても、世界一でないものは、出せない。二輪の技術は世界一だけど、四輪は別だ、農発は別だ、なんて言えるかよ。量産車にしても、世界一の名に恥じるような車は、まかり間違っても、出してはならない。

みんなの仕事の一つひとつに、すべて、そういうことが、言えるんだ。

よく言っておくけど、これからは、みんなの肩には、世界一の重荷が乗っかってて、それに耐えて進んでいく努力というのは、大へんなことだからね。

喜びのかげには、常に、苦しみがある、ということを、よく肝に銘じておこうじゃないか。

まあ、レースに関しては、ことしは自信があったよ。

今までと今年の大きな違いはね、一昨年だって上位入賞できたけれども、あれは、よそがミスしてくれたから、おのずと上位にランクされただけだよ。

よそがミスすれば、いいところまでいける、というのが従来だとすれば、今年は、うちでミスさへしなければ、いいところへいける。……事実うちがミスしないで優勝できた。

かたちの上ではそうちがわないけど、中身は大へんな違いだよ。

じゃ、来年はどうかというだろう。

もう次の手は打ってある。（断固として）

まだ馬力もアップできるし、こんどでも、技術的収穫は大へんなものだよ。

もっとも、勝負事だから、どうなるかわからないけどね。

強いて、さきと同じように、じゃ今年と来年の違いはどこにあるかというと、こんどは、自分で自分の記録に挑戦する悩みというか……やはりこれも世界一の悩みだなあ（笑）。

これから、さらにみんなで協力して、こんどは、その世界一の中身を、どこまでもつきつめていこう。

どうだい、みんな、張り合いがあるだろう……やろうじゃないか。

（力強い社長のことば、顔が破れんばかりの笑顔で）

（ホンダ社報「マン島にひるがえった日章旗……たゆまぬ研鑽の勝利!」1961年発行より）

参考文献

『Dream1　本田技術研究所 発展史』株式会社本田技術研究所、1999

『Dream2　創造・先進へのたゆまぬ挑戦』株式会社本田技術研究所、1999

『ホンダの歩み1948-1975』本田技研工業株式会社、1975

『ホンダの歩み1973-1983』本田技研工業株式会社、1984

『語り継ぎたいこと　チャレンジの50年』本田技研工業株式会社、1999

『HONDA R&D Technical Review 1994 vol.6』本田技術研究所、1994

『TOP TALKS　語り継がれる原点』本田技研工業株式会社、2006

藤沢武夫『松明は自分の手で——ホンダと共に25年——』本田技研工業株式会社広報部、1998

『トヨタ自動車20年史』トヨタ自動車工業株式会社、1958

『Times of YAMAHA——挑戦と感動の軌跡』ヤマハ発動機株式会社、2005

『歴史写真集「スズキとともに」』スズキ株式会社、2002

『THE RACE FOR LEADERSHIP　世界のランキングを求めて』
株式会社モータースポーツランド、1962

本田宗一郎『私の手が語る』講談社、1982

本田宗一郎『得手に帆あげて』三笠書房、1985

佐貫亦男『発想の航空史　名機開発に賭けた人々』朝日新聞社、1998

GP企画センター編『バイク用語ハンドブック』グランプリ出版、1994

「Honda Motorcycle Racing Legend　至高のエンジニアリングと日本人の誇り1952-1975」
八重洲出版、2009

「浅間から世界GPへの道　昭和二輪レース史1950〜1980」八重洲出版、2008

「NEKO MOOK304ホンダコレクション レースと共に歩んだ半世紀」ネコ・パブリッシング、2002

「MotoGP Source Book　二輪グランプリ60年史」スタジオタッククリエイティブ

中部 博『定本　本田宗一郎伝』三樹書房、2012

秋鹿方彦『グランプリレース——栄光を求めて1959〜1967——』三樹書房、1989

小関和夫『メーカー別にたどる国産オートバイの光芒　時代を創ったモデル達』三樹書房、2013

小関和夫『カタログでふりかえる　日本のスクーター』三樹書房、2002

『日本の自動車アーカイヴス　二輪車1908-1960』三樹書房、2012

『日本の自動車アーカイヴス　乗用車1947-1965』三樹書房、2009

写真提供

本田技研工業株式会社／ヤマハ発動機株式会社／スズキ株式会社

日産自動車株式会社／NPO法人日本自動車殿堂／一般社団法人日本自動車工業会図書室

自動車史料保存委員会

（順不同・敬称略）